わくわくクリスマス
デコレーション&シアター

チャイルド本社

Contents

年齢表示付き たのしい クリスマスデコレーション

みんなで飾ろう！ ジャンボツリー …4

自分だけの！ ミニツリー …8

作って飾ろう！ リース …14

作って楽しい！ オーナメント …16

サンタクロース …16　ブーツ・くつした …20
リース …24　ベル …26　天使 …28
雪だるま …29　キャンドル …30

いろいろな技法で作る サンタ帽子 …31

キラキラHAPPY！ 室内飾り …32

\もうすぐだね！ワクワク♪/
クリスマス壁面 …36

 …60

ジャンボツリーの作り方 …64

コピーして使おう！
型紙コーナー …65

年齢別
かんたん クリスマスシアター

ペットボトルシアター★
**トナカイの
サンタさん** …44

エプロンシアター®★
**サンタさん、
用意はできた？** …48

手作り楽器シアター★
**不思議な
クリスマスベル** …52

かんたんマジック★
スノーサンタ …54

マジックシアター★
**なかよし
お星様** …56

マジックシアター★
**びっくり
クリスマス** …58

みんなで飾ろう！ジャンボツリー

カラーポリ袋のつやつやツリー

緑色のカラーポリ袋を4段重ねたツリーは、ボリューム感もあってユニーク。壁にかわいい妖精を貼れば、ぐっとにぎやかに！

案・製作／町田里美

● 材料
カラーポリ袋、スズランテープ、輪ゴム、色画用紙、画用紙、厚紙、アルミホイル、綿、キラキラした折り紙

型紙 ▶ P65　作り方 ▶ P64

撮影／広瀬壮太郎（office北北西）　安田仁志

子どもの作品

〈靴下〉作り方 ▶ P21

〈ベル〉作り方 ▶ P27

〈サンタクロース〉作り方 ▶ P19

テント風ホワイトツリー

裾が大きく広がった形が印象的なツリー。白地に、カラフルなオーナメントがよく映えます。

案・製作／代々木公園アートスタジオ

● **材料**
丸材（150cm程度の物4本）、カラーポリ袋、段ボール、色画用紙、軽量紙粘土、金色の折り紙、ビーズ、綿ロープ、輪ゴム、キラキラしたモール、金色の紙、ティッシュペーパー、カラーセロハン、ビニール袋、砂

型紙 ▶ P66
作り方 ▶ P64

テントの形状を保つために、裾の裏におもし（砂を入れたビニール袋）を貼るとよいでしょう。

子どもの 作品

軽量紙粘土に絵の具を混ぜて色付き粘土に。なん色か練り合わせてマーブル状にしたら、クッキー型で抜くなどして、台紙（段ボールに色画用紙を貼る）に貼ります。

ケーキ風段ボール箱のツリー

段ボール箱をケーキのように積み重ねてツリー形に。金色のモールと赤いリボンで、華やかさがアップ。

案・製作／うえはらかずよ

● **材料**
段ボール箱、色画用紙、画用紙、キラキラしたモール、リボン、綿、カラー工作用紙、紙皿、キラキラした折り紙、厚紙、キラキラしたテープ

型紙▶P66　作り方▶P64

子どもの作品

紙皿に色を塗り、保育者が切って開きます。色画用紙に描いた絵を切り抜いてカラー工作用紙に貼り、リボンでつるすように貼ります。

自分だけの！ミニツリー

撮影／林均　正木達郎　安田仁志

5歳児　ゴージャス3段重ねツリー

色画用紙の傘を3つ重ねてツリー形に。キラキラしたラメペンで模様を描けば、自分だけのオリジナルツリー。
案・製作／代々木公園アートスタジオ

●材料
色画用紙、ラメペン、金色の紙、ヨーグルトなどの空き容器、軽量紙粘土、割り箸、ビニールテープ

型紙 ▶ P67

4歳児　ぐるぐるマーブル模様ツリー

マーブル模様がかわいい、山形のツリー。ボタンやビーズなどを埋め込むと、かわいさもアップします。
案・製作／代々木公園アートスタジオ

●材料
軽量紙粘土、ボタンやビーズ、竹串、キラキラした紙

型紙 ▶ P67

作り方　イラスト／みつき

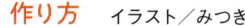

〈ゴージャス3段重ねツリー〉

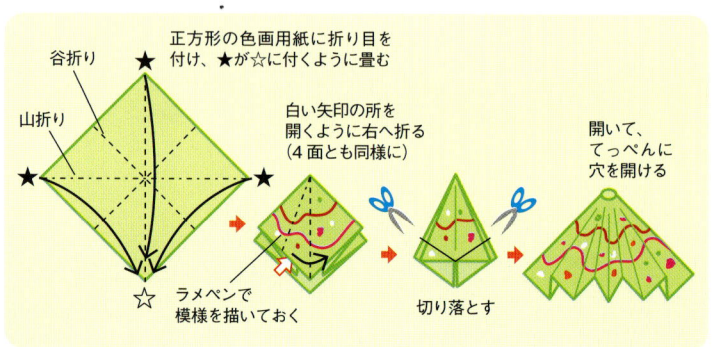

- 最後に金色の紙を貼る
- 割り箸
- ビニールテープ（ストッパー）
- 軽量紙粘土
- ヨーグルトなどの空き容器に色画用紙を巻く

- 谷折り
- 山折り
- 正方形の色画用紙に折り目を付け、★が☆に付くように畳む
- 白い矢印の所を開くように右へ折る（4面とも同様に）
- ラメペンで模様を描いておく
- 切り落とす
- 開いて、てっぺんに穴を開ける

〈ぐるぐるマーブル模様ツリー〉

- キラキラした紙を貼る
- 竹串
- 軽量紙粘土を2色練り合わせてマーブル状にし、山の形を作る
- 乾く前にボタンやビーズを埋め込み、木工用接着剤で固定

4歳児 カラフル野菜スタンプツリー

オクラなど、切り口のおもしろい野菜でスタンプ！組み立てる作業は、保育者といっしょに行います。

案・製作／代々木公園アートスタジオ

● **材料**
色画用紙、画用紙、野菜（オクラ、ピーマン、レンコンなど）、金色の紙、牛乳パック、トイレットペーパーの芯、軽量紙粘土、竹串

型紙 ▶ P67

3歳児 ふっくら綿入りツリー

中に綿を詰めて、ふっくらさせたツリー。丸シールやクレヨンで飾り付けます。

案・製作／代々木公園アートスタジオ

● **材料**
色画用紙、丸シール、綿、ヨーグルトなどの空き容器

型紙 ▶ P68

2歳児 ぺったん指スタンプツリー

指先に絵の具を付けて、段ボール板にスタンピング！パステル調の色合いで、かわいらしく！

案・製作／代々木公園アートスタジオ

● **材料**
段ボール板、金色の紙

型紙 ▶ P67

〈カラフル野菜スタンプツリー〉

〈ふっくら綿入りツリー〉

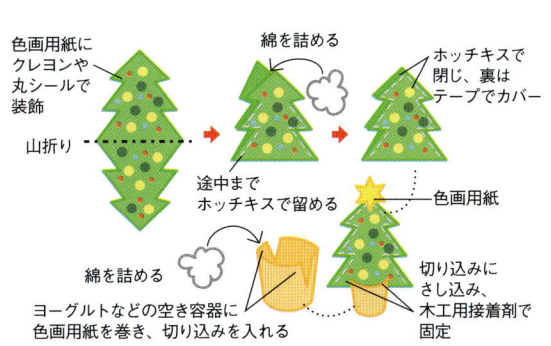

〈ぺったん指スタンプツリー〉

自分だけの！ ミニツリー

4歳児 雪だるまのプレートツリー

三角形の色画用紙を貼ったツリーを、紙皿に貼り付けてプレート風に。紙粘土で作った雪だるまがかわいい！

案・製作／黒木美里

● 材料
色画用紙、紙皿、紙粘土、エアーパッキング、ティッシュペーパー

5歳児 三角フレームツリー

三角形のフレームと鉢で作る、立体感がポイント。画用紙に描いたオーナメントを飾って仕上げます。

案・製作／ピンクパールプランニング

● 材料
折り紙、厚紙、画用紙、紙コップ、ひも

作り方　イラスト／河合美穂

〈雪だるまのプレートツリー〉

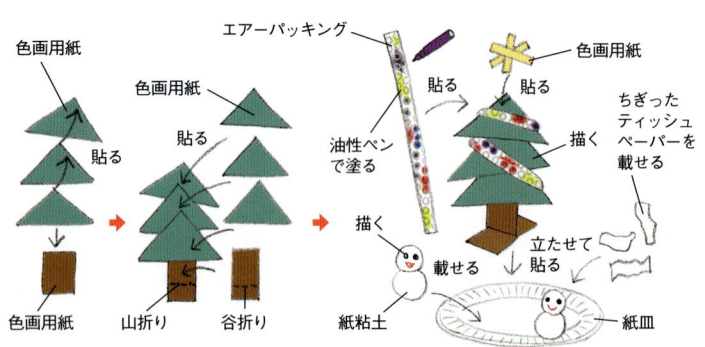

〈三角フレームツリー〉

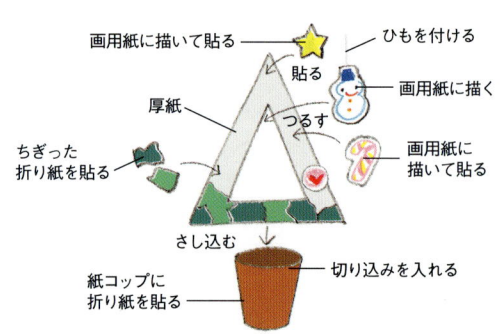

4歳児 紙皿の2段重ねツリー

2段重ねのツリーは、紙皿で作った円すいを重ねたもの。間に、ティッシュペーパーを入れるのがポイント。

案・製作／ピンクパールプランニング

● **材料**
紙皿、画用紙、ティッシュペーパー、つまようじ

3歳児 キラキラ紙粘土ツリー

ころんと丸いフォルムがかわいい！ビーズやスパンコールを埋め込んで、キラキラに。

案・製作／RanaTura.上田有規子

● **材料**
紙粘土、ビーズ、スパンコール、金色の色画用紙、色画用紙、ペットボトルの蓋、竹串

型紙 ▶ P67

ぼくの ツリーだよ！

〈キラキラ紙粘土ツリー〉

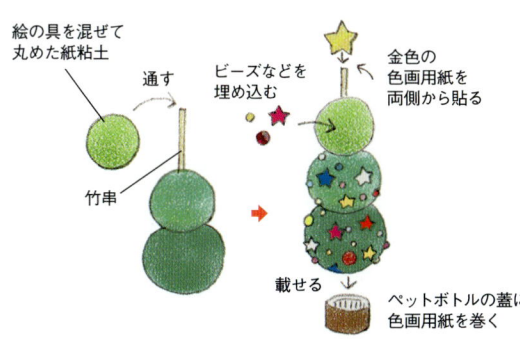

絵の具を混ぜて丸めた紙粘土 / 通す / 竹串 / ビーズなどを埋め込む / 金色の色画用紙を両側から貼る / 載せる / ペットボトルの蓋に色画用紙を巻く

〈紙皿の2段重ねツリー〉

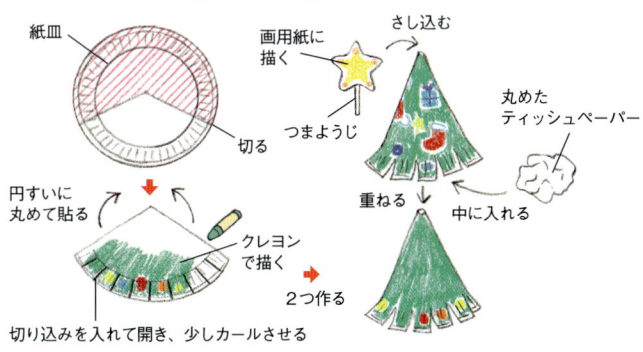

紙皿 / 切る / 画用紙に描く / さし込む / つまようじ / 丸めたティッシュペーパー / 円すいに丸めて貼る / クレヨンで描く / 2つ作る / 切り込みを入れて開き、少しカールさせる / 重ねる / 中に入れる

11

自分だけの！ミニツリー

5歳児 紙コップのゆらゆらツリー

切り込みを入れて、フリルを付けた紙コップを3つ重ねた形がユニーク。触るとゆらゆら揺れるのも楽しい！

案・製作／黒木美里

●材料
紙コップ、モール、シール、ストロー、毛糸、スパンコール、色画用紙、ペットボトルの蓋

型紙 ▶ P67

作り方 イラスト／みつき

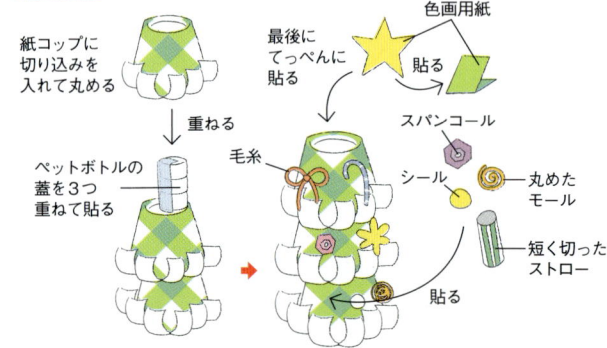

紙コップに切り込みを入れて丸める → 重ねる → ペットボトルの蓋を3つ重ねて貼る → 最後にてっぺんに貼る

色画用紙・貼る・スパンコール・毛糸・シール・丸めたモール・短く切ったストロー・貼る

4歳児 ミニペットボトルのフリフリツリー

ペットボトルに付けた輪っかは、ステンシルで模様を付けた色画用紙。ボリューム感のあるツリーになります。

案・製作／黒木美里

●材料
ミニペットボトル、色画用紙、厚紙（ステンシルプレート用）

型紙 ▶ P68

作り方 イラスト／みつき

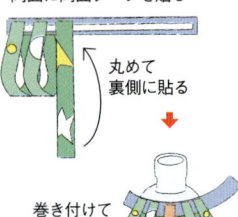
細長く切った色画用紙の両面に両面テープを貼る

ステンシルをした色画用紙を細長く切る

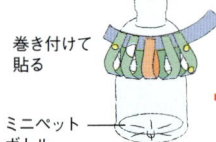
丸めて裏側に貼る

巻き付けて貼る
ミニペットボトル

挟むように貼る
中に入れる
色画用紙

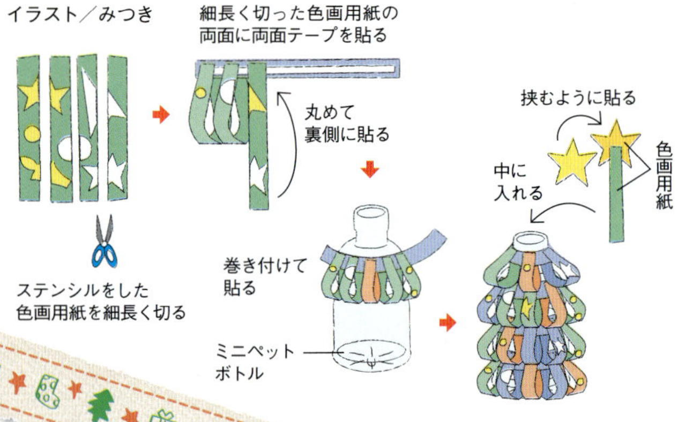

5歳児 フェルトの立体ツリー

2枚のフェルトを組み合わせて作ります。フェルトの質感を生かして、飾りはシンプルに仕上げましょう。

案・製作／上島佳代子

● 材料
フェルト、厚紙、キラキラしたモール、ひょうたんモール、ラメペン

型紙 ▶ P68

作り方　イラスト／高山千草

厚紙で型を2枚作り、同じ形にフェルトを切る

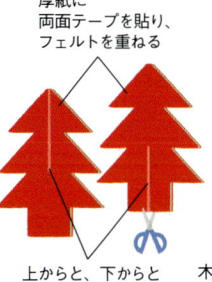
厚紙に両面テープを貼り、フェルトを重ねる
上からと、下からと切り込みを入れる

2枚をさし込み、組み合わせる
木工用接着剤で貼る

チューブのラメで模様を描く
キラキラしたモール
細い部分で切り、丸めたひょうたんモール

5歳児 ホイル折り紙のミニツリー

ピカピカのホイル折り紙を折って作る、シンプルさが魅力。模様は油性ペンなどで。透明感がきれいです。

案・製作／上島佳代子

● 材料
ホイル折り紙

作り方　イラスト／高山千草

ホイル折り紙
山折り　谷折り
油性ペンで自由に模様を描く

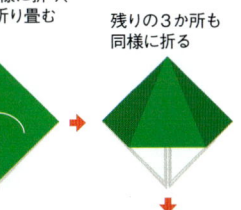
P8と同様に折り、開いて折り畳む

残りの3か所も同様に折る

切り取る

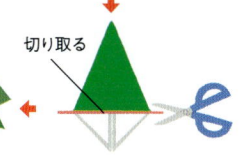
軽く広げ、じゃばらに整える

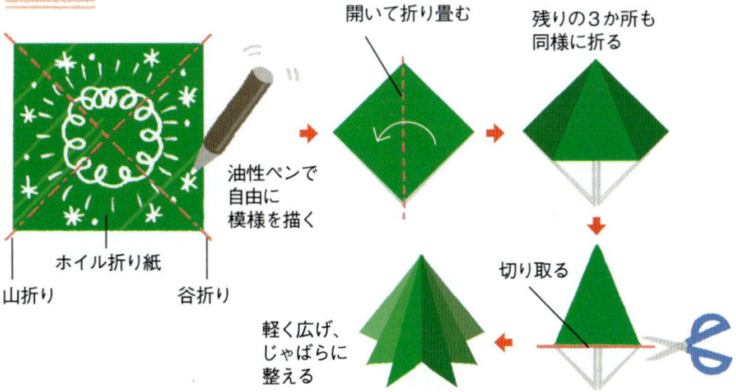

作って飾ろう！リース

撮影／広瀬壮太郎（office 北北西）

3歳児 チョキチョキ切り込みリース

切り込みを入れた色画用紙を、輪にするだけでできあがり。折り紙や包装紙をペタペタ貼って！

案・製作／山下きみよ

●材料
色画用紙、包装紙、折り紙、毛糸

5歳児 まつぼっくりのリース

まつぼっくりと紙粘土のナチュラルな風合いが魅力。色を付けると、より雰囲気が出ます。

案・製作／俵 裕子

●材料
まつぼっくり、紙粘土、枝、ソフトワイヤー、手芸用のワイヤー、クリップ

作り方　イラスト／河合美穂

〈まつぼっくりのリース〉

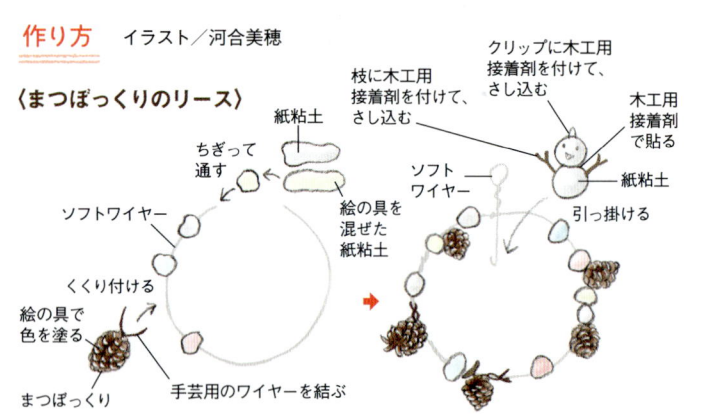

〈チョキチョキ切り込みリース〉

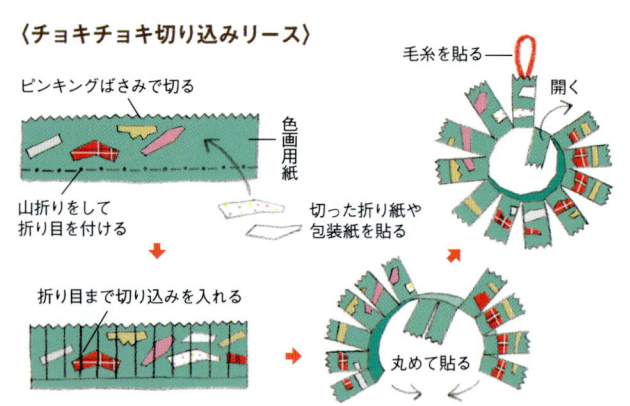

5歳児 ふんわり模造紙リース

模造紙をねじるのも楽しいリース。キラキラしたテープや、クルンとカールさせたモールでぐっと華やかに。

案・製作／山下きみよ

● 材料
模造紙、キラキラしたテープ、リボン、モール

4歳児 カラフルストローのリース

緑色に、カラフルなストローが映える、かわいらしいリースです。ベースに切り込みがあるので、毛糸を巻くのも楽々。

案・製作／マメリツコ

● 材料
色画用紙、毛糸、ストロー、厚紙

〈カラフルストローのリース〉

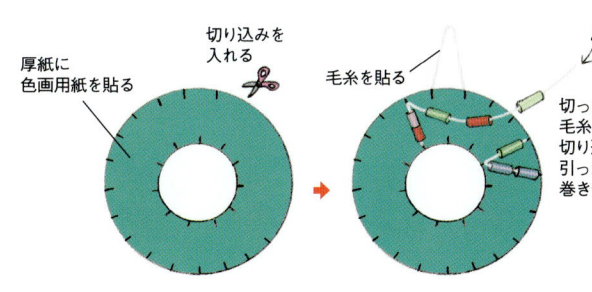

厚紙に色画用紙を貼る／切り込みを入れる／毛糸を貼る／切ったストローを毛糸に通して、切り込みに引っかけながら巻き付ける

〈ふんわり模造紙リース〉

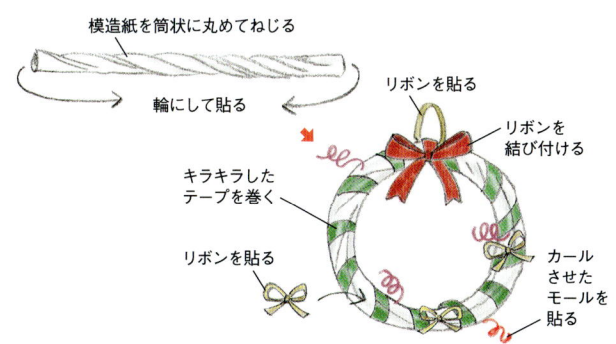

模造紙を筒状に丸めてねじる／輪にして貼る／リボンを貼る／リボンを結び付ける／キラキラしたテープを巻く／リボンを貼る／カールさせたモールを貼る

作って楽しい！オーナメント

撮影／林均　正木達郎　安田仁志

サンタクロース

5歳児　ぴょっこりサンタさん

煙突からぴょっこり飛び出した姿がかわいいサンタさん。体は紙コップで、煙突は牛乳パックです。

案・製作／ユカリンゴ

●材料
紙コップ、牛乳パック、色画用紙、画用紙、スズランテープ、綿、モール

型紙 ▶ P69

3歳児　スクエア形サンタさん

四角い段ボール板がサンタさんの顔になります。短く切った毛糸をひげに見立てて！

案・製作／すぎやままさこ

●材料
段ボール板、毛糸、フェルト、毛糸（つるすもの）

型紙 ▶ P69

2歳児　とんがり帽子のサンタさん

円すい形の赤い色画用紙に、顔とひげを貼るだけで、かわいいサンタさんに変身！

案・製作／ひやまゆみ

●材料
色画用紙、画用紙、ひも

型紙 ▶ P69

作り方　イラスト／河合美穂　ナガタヨシコ　みつき

〈スクエア形サンタさん〉

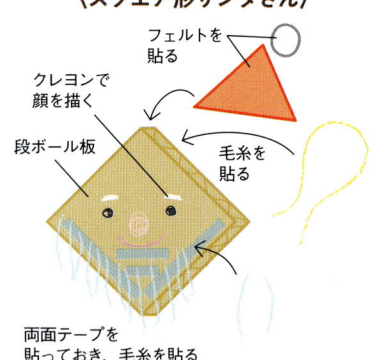

フェルトを貼る／クレヨンで顔を描く／段ボール板／毛糸を貼る／両面テープを貼っておき、毛糸を貼る

〈ぴょっこりサンタさん〉

厚紙など／スズランテープを巻く／輪の部分を切る／縛る／先端を細かく裂く／モール／色画用紙／紙コップ／色画用紙／貼る／円すい状にして貼る／綿／ホッチキスで留める／牛乳パックに色画用紙を貼る／画用紙

〈とんがり帽子のサンタさん〉

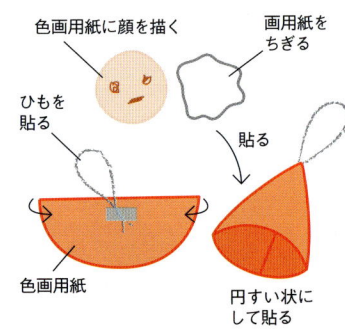

色画用紙に顔を描く／画用紙をちぎる／ひもを貼る／貼る／色画用紙／円すい状にして貼る

5歳児 紙コップのリンリンサンタ

紙コップ2個で作るサンタさん。中に鈴を入れると、リンリンと音が鳴る楽しいオーナメントに。

案・製作／黒木美里

● 材料
紙コップ、毛糸、折り紙、綿、鈴、ひも

4歳児 ピーナッツのミニサンタ

ピーナッツの殻にサンタを描いた、かわいいミニサイズのオーナメント。モールで、手足や輪を付けて。

案・製作／いしかわ☆まりこ

● 材料
ピーナッツの殻、モール

4歳児 筒形サンタとろうそくのオーナメント

トイレットペーパーの芯がベース。体には毛糸をぐるぐる巻いて。ろうそくは画用紙で作ります。

案・製作／いしかわ☆まりこ

● 材料
トイレットペーパーの芯、毛糸、色画用紙、画用紙

〈紙コップのリンリンサンタ〉

〈筒形サンタ〉　〈ろうそくのオーナメント〉

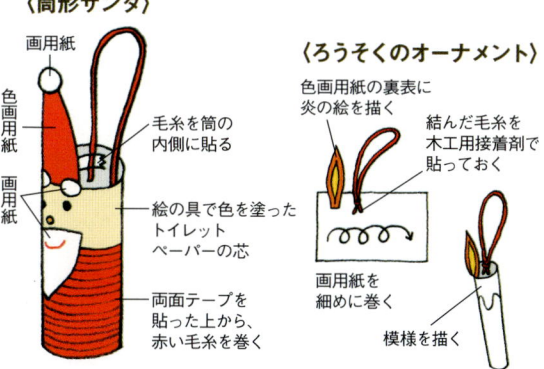

〈ピーナッツのミニサンタ〉

17

作って楽しい！オーナメント

サンタクロース

5歳児　トイレットペーパー芯の足長サンタさん

長い手足がかわいいサンタさん。トイレットペーパーの芯の先をすぼめるのがポイント。

案・製作／山下きみよ

● **材料**
トイレットペーパーの芯、画用紙、モール

3歳児　牛乳パックのサンタさん

牛乳パックで作ったサンタさん。綿を貼って、サンタさんのふわふわのおひげに。

案・製作／マメリツコ

● **材料**
牛乳パック（500ml）、色画用紙、綿、毛糸

5歳児　スケルトンサンタさん

透明の傘袋にお花紙をぎゅぎゅっと詰めて。折り紙の三角帽がかわいいサンタさんです。

案・製作／山下きみよ

● **材料**
傘袋、お花紙、折り紙、色画用紙、輪ゴム、毛糸

作り方　イラスト／河合美穂

〈牛乳パックのサンタさん〉

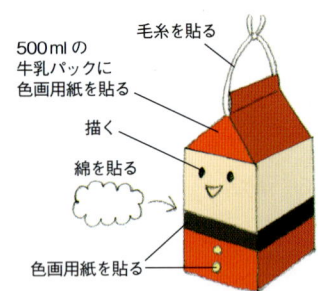

〈トイレットペーパー芯の足長サンタさん〉

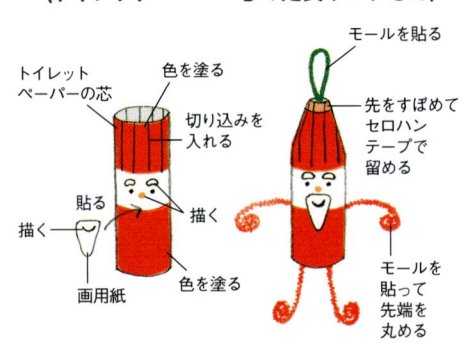

〈スケルトンサンタさん〉

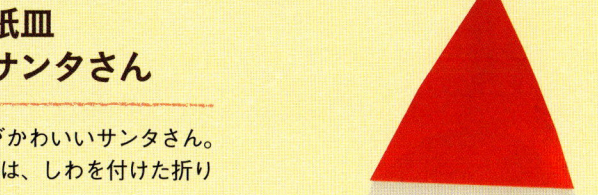

③ 3歳児 紙皿サンタさん

真ん丸な顔がかわいいサンタさん。真っ白なひげは、しわを付けた折り紙です。

案・製作／町田里美

●材料
紙皿、折り紙、画用紙、色画用紙、リボン

型紙 ▶ P70

② 2歳児 ちぎり貼りのサンタさん

サンタさんの顔を描いたら、折り紙をちぎってペタペタ貼って、おしゃれな洋服を作りましょう。

案・製作／マメリツコ

●材料
折り紙、紙皿、色画用紙、綿、毛糸

型紙 ▶ P70

④ 4歳児 そりに乗ったサンタさん

発泡トレーで作ったそりに、サンタさんを乗せて！

案・製作／山下きみよ

●材料
発泡トレー、色画用紙、画用紙、毛糸

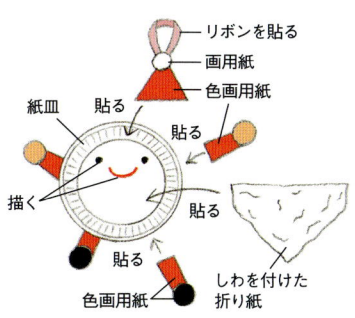

〈紙皿サンタさん〉

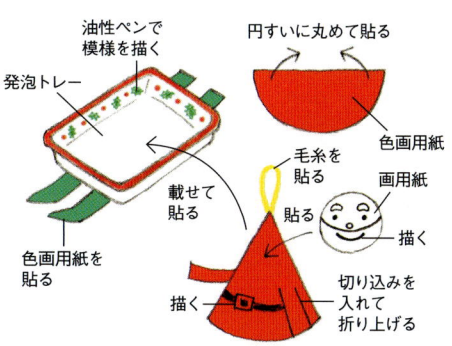

〈そりに乗ったサンタさん〉

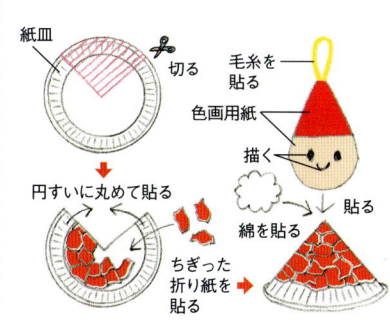

〈ちぎり貼りのサンタさん〉

作って楽しい! オーナメント

ブーツ・くつした

5歳児 トイレットペーパー芯の立体ブーツ

トイレットペーパーの芯に色画用紙をくるりと巻き付けてブーツ形に。立体感にワクワクするブーツです。
案・製作／山下きみよ

● 材料
トイレットペーパーの芯、色画用紙、モール、キラキラしたモール

型紙 ▶P71

2歳児 ペッタンキラキラブーツ

色画用紙を谷折りしたブーツに、模様を描いたり折り紙をペタペタ貼って仕上げます。
案・製作／山下きみよ

● 材料
色画用紙、キラキラした折り紙、折り紙、毛糸

型紙 ▶P70

3歳児 傘袋のふかふかブーツ

傘袋に、2色のお花紙を入れたブーツ。色選びに子どもの個性が出ます。
案・製作／山下きみよ

● 材料
傘袋、お花紙、丸シール、画用紙、毛糸

作り方　イラスト／河合美穂

〈ペッタンキラキラブーツ〉

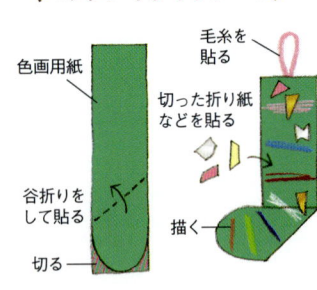

〈傘袋のふかふかブーツ〉

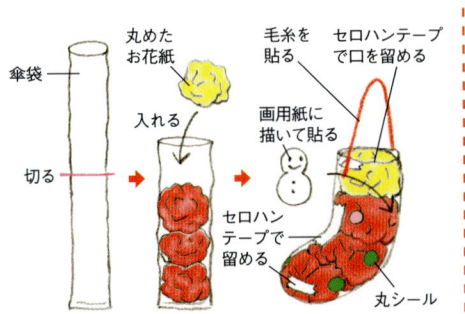

〈トイレットペーパー芯の立体ブーツ〉

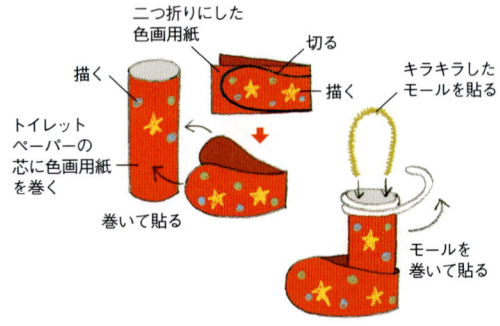

4歳児 ぐるぐるモール模様の靴下

丸めたモールがポイント！ カラフルな色合いが魅力です。

案・製作／町田里美

●材料
色画用紙、モール、リボン

型紙 ▶ P71

2歳児 毛糸のふわふわ靴下

毛糸の質感が、クリスマスにピッタリです。短く切った毛糸を上からふりかけるようにして手のひらで軽く押さえます。

案・製作／ひやまゆみ

●材料
毛糸、段ボール板、リボン

型紙 ▶ P70

4歳児 フリンジ風ブーツ

折り紙に切り込みを入れてカールさせると、おしゃれなフリンジ風のブーツのできあがり！

案・製作／山下きみよ

●材料
色画用紙、折り紙、画用紙、毛糸

型紙 ▶ P70

ふわふわ〜！

〈フリンジ風ブーツ〉

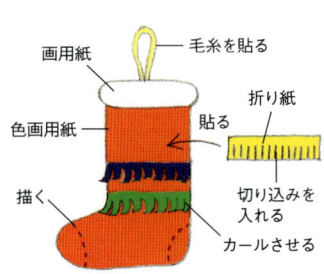

画用紙／毛糸を貼る／折り紙／色画用紙／貼る／描く／切り込みを入れる／カールさせる

〈ぐるぐるモール模様の靴下〉

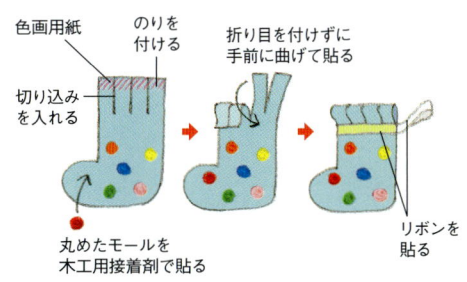

色画用紙／のりを付ける／折り目を付けずに手前に曲げて貼る／切り込みを入れる／丸めたモールを木工用接着剤で貼る／リボンを貼る

〈毛糸のふわふわ靴下〉

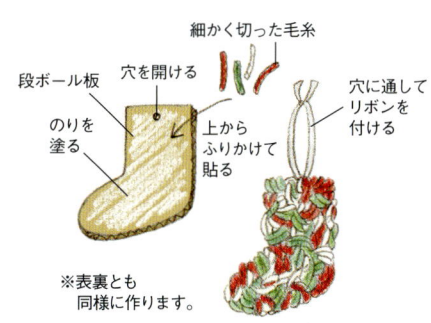

段ボール板／穴を開ける／細かく切った毛糸／のりを塗る／上からふりかけて貼る／穴に通してリボンを付ける

※表裏とも同様に作ります。

21

作って楽しい！オーナメント

ブーツ・くつした

3歳児 マーブル粘土の型抜きブーツ

軽量紙粘土に絵の具を混ぜてマーブル模様に。ビーズやボタンを埋め込むと、さらにキュート！

案・製作／俵 裕子

● **材料**
軽量紙粘土、ビーズやボタンなど、ひも、クリップ、厚紙（抜き型用）

5歳児 トイレットペーパー芯のキラキラブーツ

トイレットペーパーの芯を2個合わせて作ります。キラキラしたモールのあしらいがアクセントに。

案・製作／くまがいゆか

● **材料**
トイレットペーパーの芯、折り紙、画用紙、キラキラしたモール、毛糸、ティッシュペーパーまたは綿

余った粘土で……
余った粘土も丸めてオーナメントに。葉っぱを付ければ、かわいいりんごのできあがり！

作り方　イラスト／ナガタヨシコ　みつき

〈トイレットペーパー芯のキラキラブーツ〉

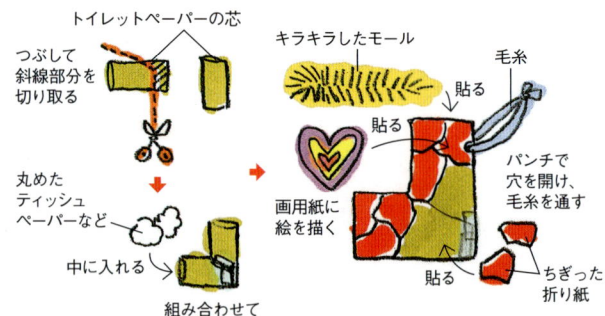

〈マーブル粘土の型抜きブーツ〉

4歳児 くしゃくしゃ&ふっくらブーツ

ベースのクラフト紙をくしゃくしゃにして、中に綿を詰めて作ります。くしゃくしゃ&ふっくらがポイントです。

案・製作／俵 裕子

●材料
クラフト紙、綿、ひも

2歳児 ぺたぺたコラージュ靴下

小さく切った色画用紙を靴下に貼ってコラージュ。ボンテンもアクセントになります。

案・製作／ひやまゆみ

●材料
色画用紙、片段ボール、ボンテン、キルト芯、リボン

型紙 ▶ P71

4歳児 ちくちく毛糸通し靴下

\ 毛糸を通して… /

靴下形に切った2枚の色画用紙に穴を開けて、縫うように毛糸を通した靴下です。中からのぞいたプレゼントがかわいい！

案・製作／ひやまゆみ

●材料
色画用紙、毛糸、綿、キラキラした折り紙、キラキラしたモール、金色の折り紙、厚紙

型紙 ▶ P71

〈くしゃくしゃ&ふっくらブーツ〉

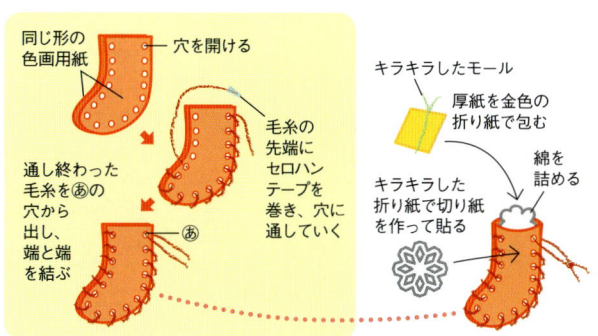

〈ちくちく毛糸通し靴下〉

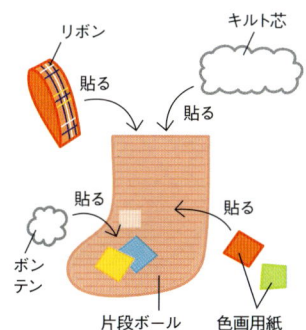

〈ぺたぺたコラージュ靴下〉

作って楽しい！オーナメント

リース

4歳児 透明ホースのスケルトンリース

透明なホースに、いろいろな物を詰め込んだリースです。菜箸などを使って、押し込んで入れるのがポイントです。

案・製作／りんごの木こどもクラブ

● **材料**
透明のホース、羊毛、リボン、モール、ビーズ、ボタン、スパンコール、ビー玉、カラービニールテープ

羊毛やビーズなどを、色とりどりになるように選んで入れ、華やかに仕上げます。

ホースの中は…

5歳児 ソフトワイヤーのカラフルリース

柔らかいカラーワイヤーをベースに、ビーズやボタンを通したり、リボンを巻いたり、自由に飾れるリースです。

案・製作／りんごの木こどもクラブ

● **材料**
カラーソフトワイヤー、ビーズ、ボタン、プラスチックリング、リボン、キラキラしたテープ、モール

3歳児 紙皿のくるくるリース

紙皿の中心を切り抜いて作ります。キラキラした折り紙や羊毛を自由に貼って仕上げましょう。

案・製作／りんごの木こどもクラブ

● **材料**
紙皿、キラキラした折り紙、羊毛、リボン、丸シール、糸、モール

作り方　イラスト／ナガタヨシコ　みつき

〈ソフトワイヤーのカラフルリース〉

〈透明ホースのスケルトンリース〉

〈紙皿のくるくるリース〉

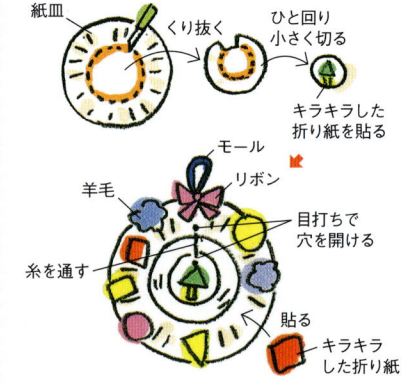

3歳児 紙皿キャンドルリース

紙皿をそのままリースにして、中央に立体的なキャンドルを。
案・製作／ユカリンゴ

● 材料
紙皿、画用紙、折り紙、キラキラした折り紙、リボン

型紙 ▶ P72

2歳児 くしゃくしゃ毛糸のリース

毛糸をくしゃっと丸めて貼るだけ。段ボール板の色と毛糸の風合いで、優しい雰囲気になります。
案・製作／すぎやままさこ

● 材料
毛糸、段ボール板、リボン

型紙 ▶ P72

飾り方アイデア
リボンいっぱい 華やかクリスマス
案・製作／ユカリンゴ

紙皿キャンドルリースを壁に貼って、大きなリボンを飾ります。テープを二重にしてつなげれば、パッと華やかに。

● 材料
紙皿キャンドルリース、色画用紙、紙テープ、キラキラしたテープ

型紙 ▶ P72

〈紙皿キャンドルリース〉

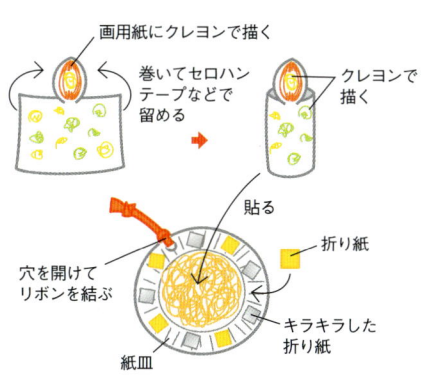

〈リボンいっぱい 華やかクリスマス〉
〈リボン〉

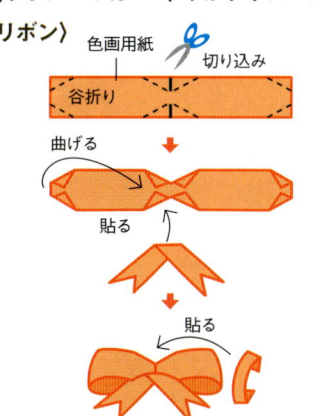

〈くしゃくしゃ毛糸のリース〉

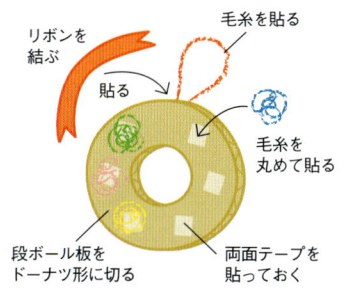

作って楽しい！オーナメント

ベル

5歳児 張り子のリンリンベル

張り子でベル形を作り、鈴を付けた本格的なオーナメント。切り紙を貼って、雪の結晶風の装飾を。
案・製作／りんごの木こどもクラブ

● 材料
風船、新聞紙、和紙、キラキラした折り紙、リボン、鈴、ひも、大きめのビーズ

4歳児 段ボール板の編み目模様ベル

ベル形に切ったベースに穴を開け、毛糸を通して模様を付けます。毛糸に、ビーズやボタンを付けると、ぐっとかわいい仕上がりに。
案・製作／りんごの木こどもクラブ

● 材料
段ボール板、毛糸、ビーズ、ボタン、リボン、モール、金や銀のスプレー、毛糸とじ針

型紙 ▶ P73

3歳児 段ボール板の立体ベル

2枚の段ボール板を組み合わせた、立体的なベルです。つるしたり置いたり、場所に合わせて飾れます。
案・製作／りんごの木こどもクラブ

● 材料
段ボール板、お花紙、リボン

作り方　イラスト／河合美穂　ナガタヨシコ　みつき

〈段ボール板の編み目模様ベル〉

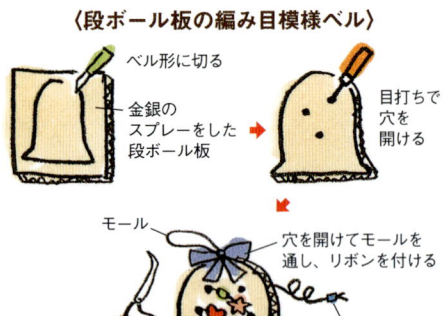

ベル形に切る
金銀のスプレーをした段ボール板
目打ちで穴を開ける
モール
穴を開けてモールを通し、リボンを付ける
先の丸い毛糸とじ針で、毛糸を穴に通す。時々ビーズやボタンを間に通しながら縫い進める
縫い始めの所には、アイロンビーズを付けておく

〈段ボール板の立体ベル〉

段ボール板
お花紙
貼る
リボン
ベル形に切って2つ作る
描く
切り込み
切り込み同士をかみ合わせて木工用接着剤で貼る
絵の具で色を塗る

〈張り子のリンリンベル〉

水で溶いたのりに浸した新聞紙を貼る
リボンを結ぶ
ひもに大きめのビーズを結び付け、下から穴に通す
風船
貼る
上から、水で溶いたのりに浸した和紙
ひもの先に鈴を付ける
切り紙を貼る
キラキラした折り紙
目打ちで穴を開け風船を割る
切りそろえる

2歳児 小さなカラフルベル

鈴が中に入っているので、リンリン音が楽しめます。好きなカラーセロハンを選んで。
案・製作／ひやまゆみ

● 材料
アルミホイル、鈴、カラーセロハン、モール、ひも

5歳児 ホワイトベル

本格的な形の立体的なオーナメント。銀色の鈴を付ければ、雰囲気のあるベルに。
案・製作／ひやまゆみ

● 材料
白い紙、鈴、糸

型紙 ▶ P73

上から見ると…

4歳児 ふんわり折り紙ベル

キラキラした折り紙をふんわりと丸めて作ります。
案・製作／町田里美

● 材料
キラキラした折り紙、色画用紙、リボン

型紙 ▶ P73

4歳児 紙皿ツリー&ベルのオーナメント

1枚の紙皿を半分に切って円すい形に。1つはツリーに、もう1つはベルになります。
案・製作／いしかわ☆まりこ

● 材料
紙皿、丸シール、アルミホイル、色画用紙、リボン、モール、糸

できたよ！

〈小さなカラフルベル〉

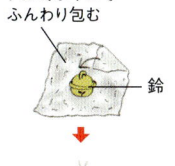
アルミホイルでふんわり包む／鈴

ひもを付ける／モール／カラーセロハンで包む

〈ふんわり折り紙ベル〉

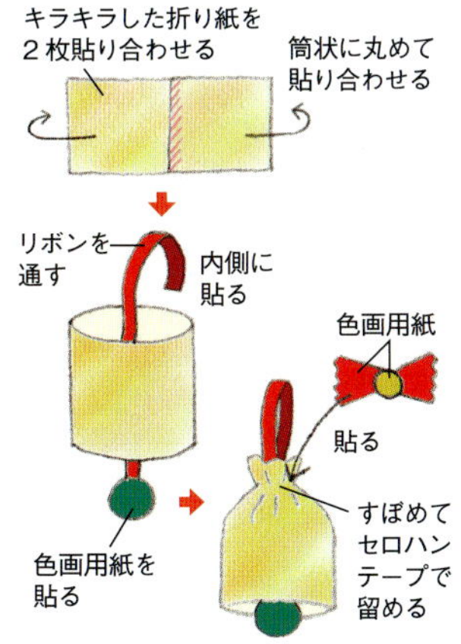

キラキラした折り紙を2枚貼り合わせる → 筒状に丸めて貼り合わせる
リボンを通す／内側に貼る／色画用紙貼る／色画用紙を貼る／すぼめてセロハンテープで留める

〈ホワイトベル〉

約6cm／約80cm／約9cm
白い紙をじゃばらに折る → 図の形にまとめる → 切り取る → 糸／内側はのり付けする／鈴

〈紙皿ツリー&ベルのオーナメント〉

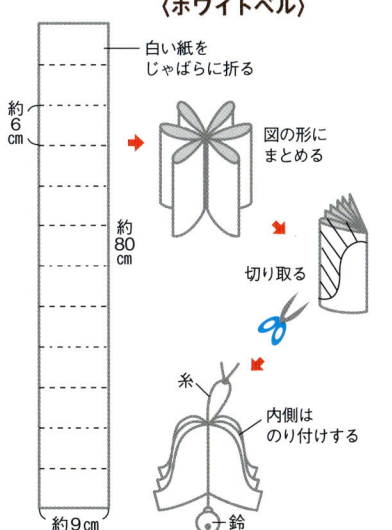
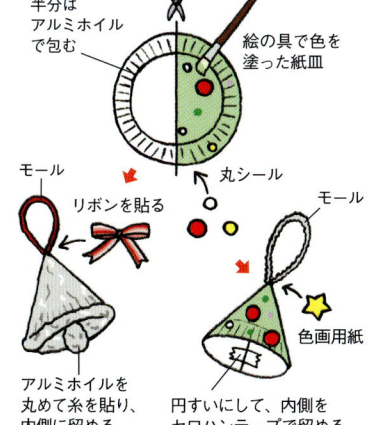

半分はアルミホイルで包む／切る／絵の具で色を塗った紙皿／モール／丸シール／リボンを貼る／モール／色画用紙／アルミホイルを丸めて糸に貼り、内側に留める／円すいにして、内側をセロハンテープで留める

作って楽しい！ **オーナメント**

天使

4歳児 紙コップの両手を広げた天使

紙コップに切り込みを入れて、軽く丸めると腕に。羽を貼れば、天使のできあがりです。

案・製作／黒木美里

● **材料**
紙コップ、画用紙、色画用紙、リボン

型紙 ▶ P74

5歳児 ラブリーエンジェル

手の切り込み部分を組めば、お祈りをしている天使に。

案・製作／山下きみよ

● **材料**
色画用紙、画用紙、レースペーパー、キラキラした折り紙、毛糸

型紙 ▶ P74

3歳児 トイレットペーパー芯の天使

トイレットペーパーの芯を生かして、キュートな天使に。黄色い毛糸を頭に巻き、白い羽を貼って仕上げます。

案・製作／町田里美

● **材料**
トイレットペーパーの芯、折り紙、毛糸、画用紙

型紙 ▶ P73

作り方　イラスト／河合美穂　ナガタヨシコ

〈ラブリーエンジェル〉

〈トイレットペーパー芯の天使〉

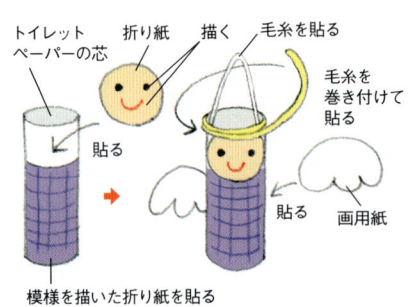

〈紙コップの両手を広げた天使〉

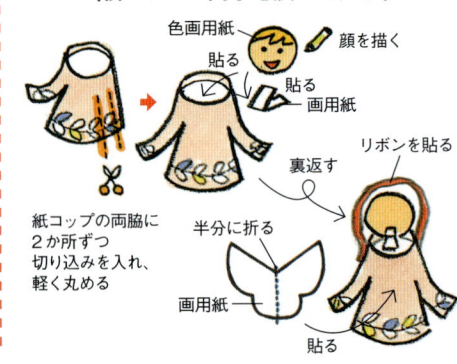

雪だるま

4歳児 ふんわり雪だるま

白い紙をしわしわにすることで、雪だるま形の台紙を包みやすくしています。首に巻いた赤い毛糸がポイント。

案・製作／俵 裕子

● 材料
コピー用紙、ひも、綿、段ボール板、毛糸

手のひらでころころ丸めておだんご形にしても。

3歳児 紙粘土の簡単雪だるま

つぶした紙粘土に小枝をさして、顔を描くだけ。小枝の腕が本物の雪だるまみたい！

案・製作／俵 裕子

● 材料
軽量紙粘土、小枝、毛糸、クリップ、ひも

5歳児 ビニール袋のちくちく雪だるま

白いビニール袋を縫って作る雪だるまです。針にはつまようじを代用。縫う感覚を楽しみましょう。

案・製作／俵 裕子

● 材料
白いビニール袋、ひも、つまようじ、糸、綿

〈ふんわり雪だるま〉

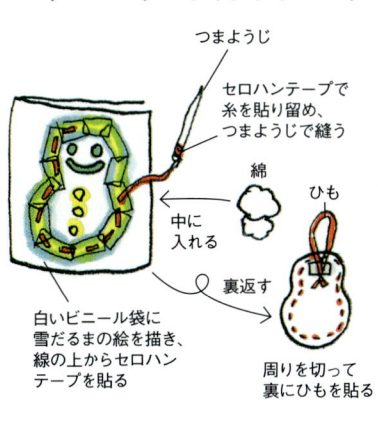
〈ビニール袋のちくちく雪だるま〉

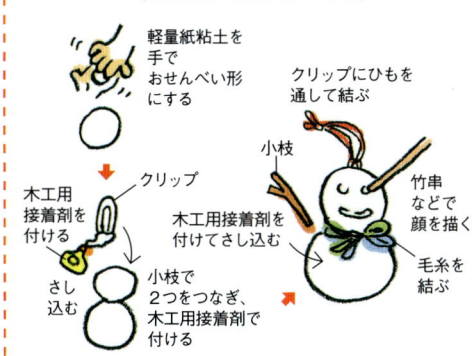
〈紙粘土の簡単雪だるま〉

作って楽しい！オーナメント

キャンドル

3歳児　毛糸の巻き巻きキャンドル

段ボール板に毛糸をぐるぐると巻き付けています。アルミホイルにカラーセロハンを重ねて、炎もキラキラと鮮やかに仕上げましょう。

案・製作／俵 裕子

● 材料
段ボール板、毛糸、カラーセロハン、アルミホイル、ひも

型紙 ▶ P74

4歳児　片段ボールのくるくるキャンドル

息を吹きかけると、炎がくるくると回ります。作る楽しみ、飾る楽しみに加えて、遊ぶ楽しみも味わえるキャンドルです。

案・製作／俵 裕子

● 材料
片段ボール、厚紙、アルミホイル、ストロー、輪ゴム、丸シール、ひも

型紙 ▶ P74

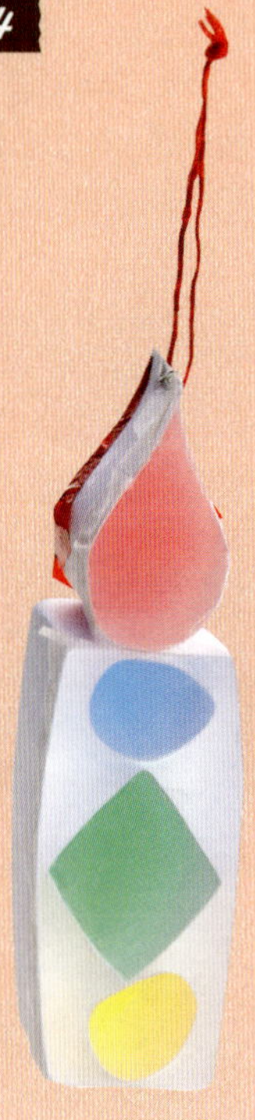

裏側は…
息を吹きかける場所の目印に金色のシールを貼ります。

5歳児　カラーセロハンのステンドグラス風キャンドル

カラーセロハンとトレーシングペーパーを使ってステンドグラス風に仕上げました。窓辺に飾ると、透け感が楽しめます。

案・製作／俵 裕子

● 材料
カラーセロハン、トレーシングペーパー、厚紙、ひも

作り方　イラスト／ナガタヨシコ

〈片段ボールのくるくるキャンドル〉

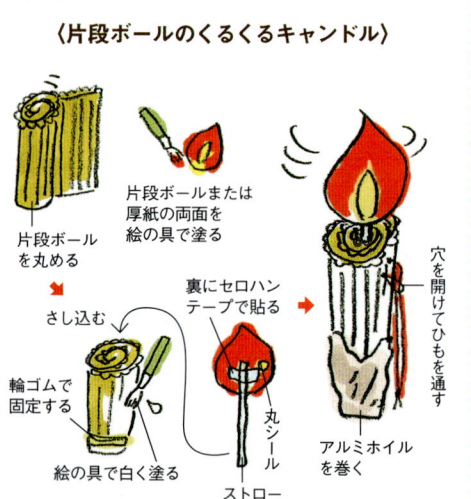

〈カラーセロハンのステンドグラス風キャンドル〉

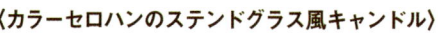
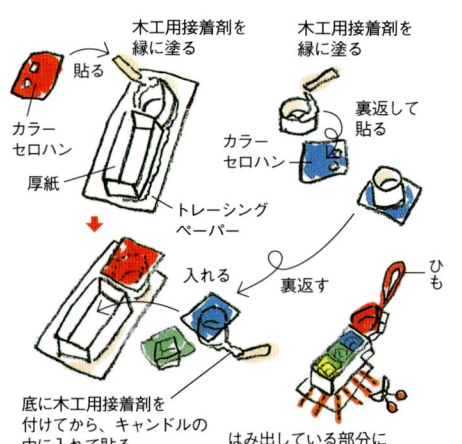

〈毛糸の巻き巻きキャンドル〉

いろいろな技法で作る サンタ帽子

撮影／林均　安田仁志

帽子の作り方
イラスト／みつき

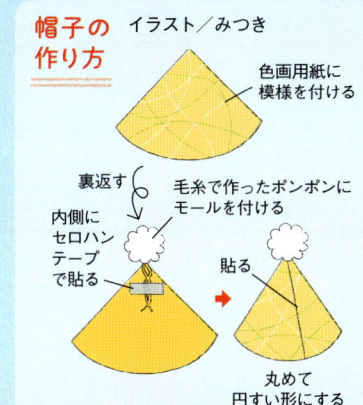

3歳児　ローラースタンプ帽

麻ひもを巻いたローラーに絵の具を付けて、色画用紙の上を転がすだけ。裾にキラキラしたモールを付けて華やかに。
案・製作／くまがいゆか

● **材料**
色画用紙、麻ひも、ローラー、毛糸、モール、キラキラしたモール

3歳児　ビニール袋のにじみ水玉帽

水でぬらした色画用紙の上に、絵の具を絞り、さらにビニール袋を載せて。上から指で絵の具を広げると、不思議な模様が！　裾には綿をあしらって。
案・製作／くまがいゆか

● **材料**
色画用紙、ビニール袋、毛糸、モール、綿

4歳児　スパッタリングのキラキラ帽

歯ブラシで絵の具を飛ばすスパッタリングに挑戦。画用紙の上に星形に切った厚紙やペットボトルの蓋を置いておけば、その部分だけ白く残って模様になります。
案・製作／くまがいゆか

● **材料**
画用紙、厚紙、ペットボトルの蓋、歯ブラシ、折り紙、毛糸、モール

4歳児　ろうそくのはじき絵帽

黄緑色の色画用紙に、ろうそくで絵を描き、上から赤い絵の具を。乾くまで描いた絵が見えないので、仕上がりへの期待もアップ。お花紙を丸めてアクセントに。
案・製作／くまがいゆか

● **材料**
色画用紙、お花紙、ろうそく、毛糸、モール

3歳児　マスキングツリー帽

黄色い色画用紙に、セロハンテープでマスキングしたら、上から緑色の絵の具を塗ります。はじいた絵の具は、スポンジなどで軽く吸い取って。
案・製作／くまがいゆか

● **材料**
色画用紙、セロハンテープ、毛糸、モール、キラキラしたモール

3歳児　新聞紙スタンプ帽

丸めた新聞紙に絵の具を付けて、色画用紙にスタンプ。しわが、おもしろい模様を付けます。
案・製作／くまがいゆか

● **材料**
色画用紙、新聞紙、毛糸、モール

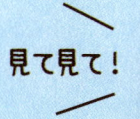
見て見て！

キラキラ
HAPPY!
室内飾り

撮影／林 均　広瀬壮太郎（office 北北西）
正木達郎

入り口飾り

キラキラシャイニーデコレーション

サンタクロースとトナカイが、入り口でお出迎え！光沢のある素材を使って、ゴージャスな雰囲気に仕上げましょう。

案・製作／まーぶる

● 材料
色画用紙、画用紙、段ボール板、
キラキラしたモール、紙皿、
キラキラした折り紙、発泡トレー、リボン

型紙 ▶ P75

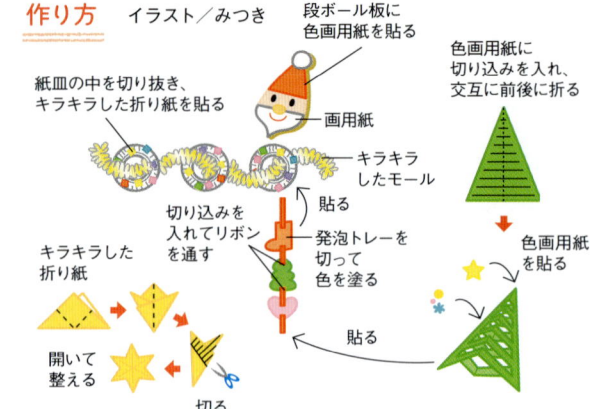

作り方　イラスト／みつき

32

窓飾り

切り絵とまつぼっくりの窓飾り

ツリーとキャンドルの切り絵を窓飾りに。自然物をプラスすると、あたたかみが増します。

案・製作／ピンクパールプランニング

● **材料**
色画用紙、段ボール板、まつぼっくり、カラースプレー、鈴、糸

型紙 ▶ P77

作り方　イラスト／高山千草

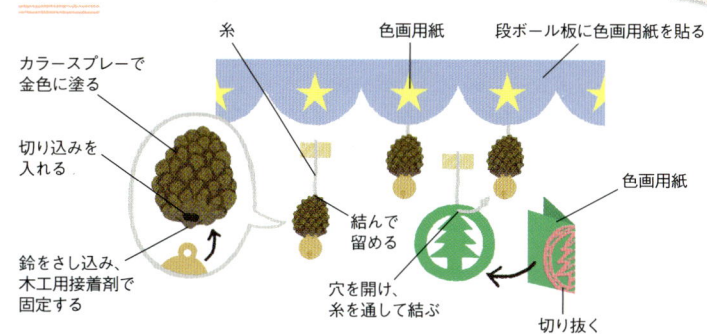

入り口飾り

ベルと天使のアーチ

たくさんのベルと、双子の天使のモチーフは折り紙で作ります。赤いリボンをプラスすると、ぐっとクリスマス感がアップします。

案・製作／ピンクパールプランニング

● **材料**
折り紙、色画用紙、段ボール板、リボン、糸、布クラフトテープ

型紙 ▶ P76　　ベルの作り方 ▶ P62

作り方　イラスト／高山千草

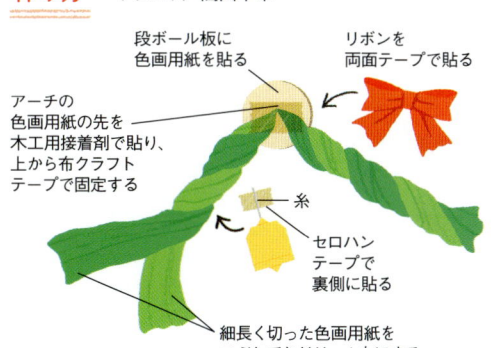

キラキラHAPPY！ 室内飾り

置き飾り
ピーナッツぼうやのクリスマス

ユーモラスな表情のピーナッツぼうやたち。まつぼっくりのツリーと並べて、ほのぼのとした雰囲気を楽しんで。

案・製作／RanaTura. 上田有規子

● 材料
ピーナッツの殻、まつぼっくり、毛糸、布（古くなったTシャツなど）、あずき、どんぐりのへた、キラキラした折り紙、色画用紙、厚紙、モール、綿

作り方　イラスト／みつき

〈クリスマスツリー〉

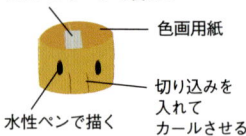

〈雪だるま〉

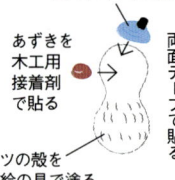

〈ピーナッツぼうや〉

置き飾り
どんぐりツリー

秋に子どもたちと拾ったどんぐりを飾ったツリーです。ベースのツリーは、段ボール板に色画用紙を貼って。

案・製作／ピンクパールプランニング

● 材料
どんぐり、段ボール板、色画用紙、片段ボール、折り紙、モール

型紙 ▶ P77

作り方　イラスト／高山千草

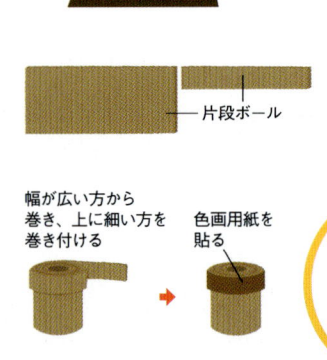

置き飾り

雪降る街並み

ふわふわの雪がこんもりと積もった街。飾るだけで、冬らしい彩りを添えてくれる置き飾りです。

案・製作／RanaTura. 上田有規子

● **材料**
カレーなどの空き箱、色画用紙、画用紙、綿、フェルト、布、ボタン、コーヒーフレッシュの空き容器、包装紙、片段ボール

型紙 ▶ P78

作り方　イラスト／河合美穂

〈家〉 ※もう1つの家も同様に作ります。

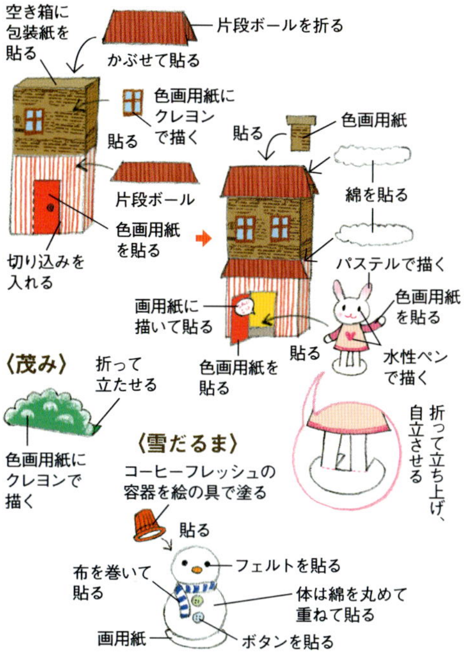

- 空き箱に包装紙を貼る
- 片段ボールを折る
- かぶせて貼る
- 色画用紙にクレヨンで描く
- 貼る
- 色画用紙
- 片段ボール
- 綿を貼る
- 色画用紙を貼る
- パステルで描く
- 切り込みを入れる
- 画用紙に描いて貼る
- 色画用紙を貼る
- 貼る
- 色画用紙を貼る
- 水性ペンで描く
- 折って立ち上げ、自立させる

〈茂み〉
- 折って立たせる
- 色画用紙にクレヨンで描く

〈雪だるま〉
- コーヒーフレッシュの容器を絵の具で塗る
- 貼る
- 布を巻いて貼る
- フェルトを貼る
- 体は綿を丸めて重ねて貼る
- 画用紙
- ボタンを貼る

置き飾り

聖なる夜のサンタさん

ペットボトルを土台にした、サンタさんとツリーの飾り。サンタさんの真っ白な、ふさふさのひげがかわいい！

案・製作／ユカリンゴ

● **材料**
色画用紙、綿、毛糸、ペットボトル（350ml、500ml）、画用紙、ビー玉（おもし用）、丸シール

型紙 ▶ P78

作り方　イラスト／河合美穂

- 毛糸のポンポンを貼る
- 色画用紙
- 色画用紙を巻き付けるように貼る
- さし込む
- 色画用紙
- 綿を貼る
- 円すい形に巻く
- 色画用紙を巻き、先端に切り込みを入れて広げ、円すいの内側に貼る
- のりしろを内側に折り、巻き付けるように貼る
- 貼る
- 500mlのペットボトルにビー玉を入れる
- 丸シール
- のりしろ
- 色画用紙
- さし込む
- 内側に貼る
- のりしろを内側に折って巻き付けるように貼る
- 色画用紙を円すい形に巻く
- サンタクロースと同様に貼る
- 350mlのペットボトルにビー玉を入れる

\ もうすぐだね！ /
ワクワク♪

クリスマス壁面

撮影／林均

世界中の子どもたちへ プレゼントを届けよう

サンタさんからのプレゼントを世界中の子どもたちが待っています。夢がいっぱいの壁面です。

案・製作／＊すまいるママ＊

● 材料
色画用紙、画用紙、包装紙、毛糸、リボン、キラキラした折り紙、モール、発泡スチロール板（台紙用）

型紙 ▶ P79～81

point

大きく横断するモールに、実際に毛糸やリボンで飾りをつり下げます。ロープウェイのような楽しい雰囲気に。

37

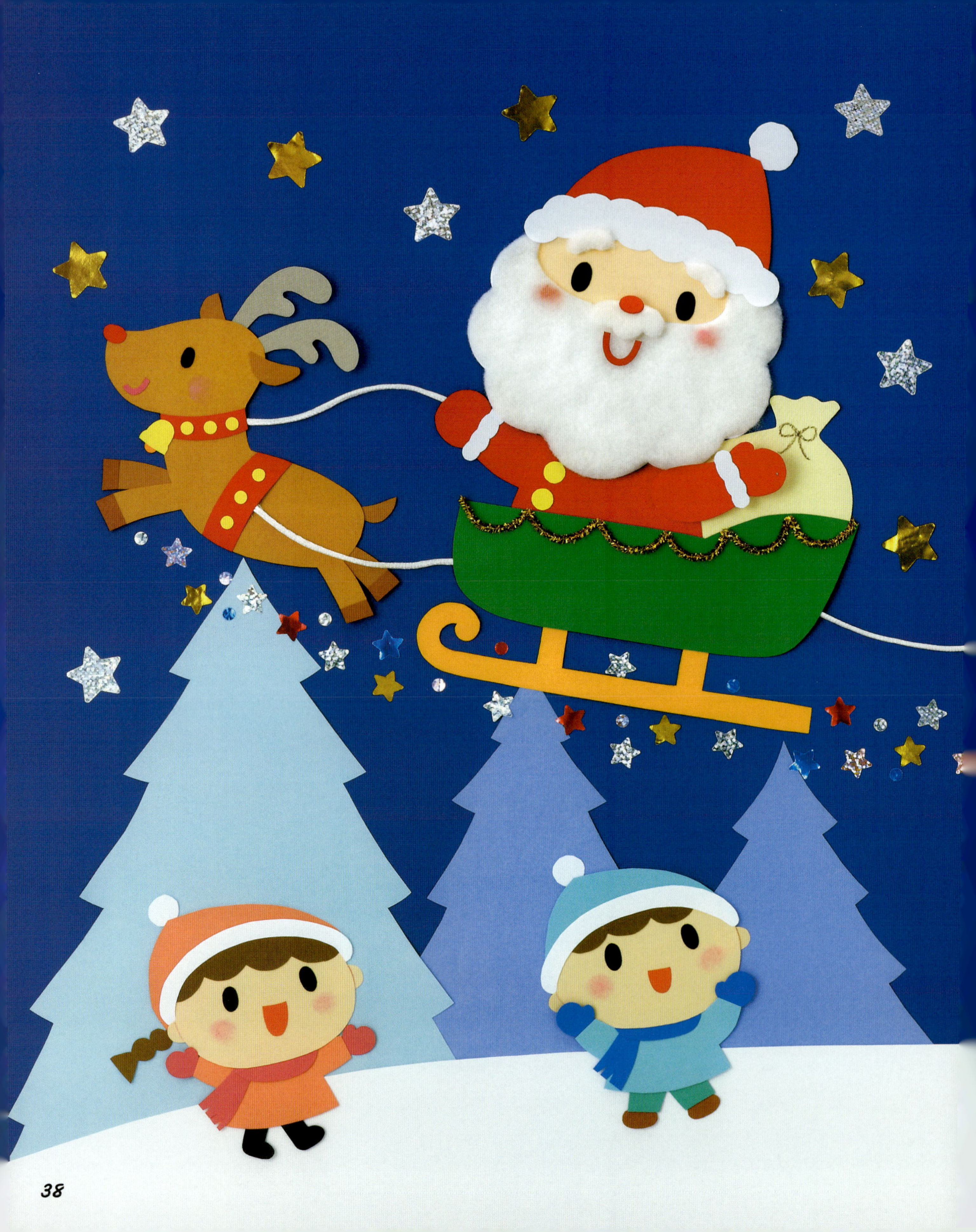

サンタさんがやって来た！

トナカイの引くそりに乗って、子どもたちにプレゼントを届けるサンタさん。みんなの街にも、もうすぐやって来るよ！

案・製作／うえはらかずよ

● **材料**
色画用紙、画用紙、キラキラした折り紙、キラキラしたモール、綿ロープ、キルト芯

型紙 ▶ P.82

point

サンタさんの眉やひげには、ふんわりとしたキルト芯を。

サンタさんの通り道には、キラキラした折り紙で星をちりばめて。

うれしいな♪ 大きなクリスマスケーキ

おいしそうないちごが載った、大きな大きなケーキ。みんなで仲よくいただきまーす！

案・製作／さとうゆか

● **材料**
色画用紙、画用紙、キラキラしたテープ、カラーポリ袋、綿、厚紙、段ボール板（台紙用）

型紙 ▶ P83

= **point** =

いちごは、綿を載せた厚紙をカラーポリ袋で包んで、ふっくらと艶やかに仕上げます。

作り方 イラスト／河合美穂

〈いちご〉

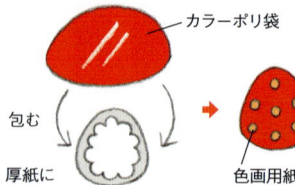

カラーポリ袋

包む

厚紙に綿を載せる → 色画用紙を貼る

ツリーを飾ろう

大きなもみの木に、みんなで飾り付け！窓の外にいる雪だるまさんも、仲間に加わりたいのかな？

案／おのうえ稔　製作／みつき

● **材料**
色画用紙、画用紙、片段ボール、ボンテン、キラキラした折り紙、リボン

型紙 ▶ P84

Point

もみの木は、2色の片段ボールを使い、波の目の方向を縦と横にして、存在感を出します。キラキラのボンテンと、赤いリボンで華やかに。

今夜はクリスマスパーティー

テーブルにはごちそうがいっぱい！さあ、クリスマスパーティーの始まりです。

案・製作／たちのけいこ

●材料
色画用紙、画用紙、包装紙、フェルト、リボン、スパンコール、カラートレーシングペーパー、お花紙、ボンテン、キラキラした折り紙、キラキラしたモール、お菓子用のカップ、キルト芯、厚紙

型紙 ▶ P86〜87

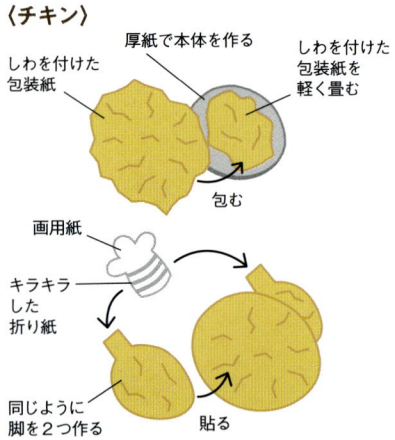

作り方　イラスト／内藤和美

〈チキン〉

- しわを付けた包装紙
- 厚紙で本体を作る
- しわを付けた包装紙を軽く畳む
- 包む
- 画用紙
- キラキラした折り紙
- 同じように脚を2つ作る
- 貼る

point
カップケーキとドーナツは、包装紙にしわを付けてふっくらと。

おしゃれな聖歌隊

おそろいのベレー帽とスモックを着た聖歌隊。天使さんたちの演奏に合わせた、かわいい歌声が聞こえてきそうです。

案・製作／ひやまゆみ

● **材料**
色画用紙、画用紙、毛糸、サテン地の布、タオル地の布、キラキラした折り紙、厚紙、麻ひも、糸

型紙 ▶ P85

作り方 イラスト／高山千草

〈スモック〉

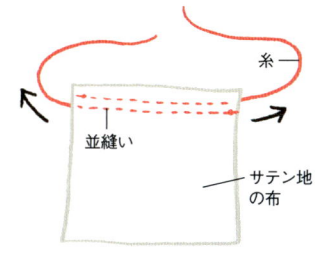

縫って絞り、結ぶ
糸
並縫い
サテン地の布

並縫いで二重に縫って絞るとギャザーがきれいに出ます。

point

ベレー帽は、厚紙にサテン地の布を貼ります。スモックは、サテン地の布にギャザーを寄せるとすてきに。楽譜は色画用紙を折って立体感を出して。

年齢別 **かんたんクリスマスシアター**

4～5歳児
ペットボトルシアター
トナカイのサンタさん

クリスマスの夜、憧れのサンタさんに変身したトナカイは…。
表情豊かに、楽しく演じましょう。

案・指導／山本和子　製作／あさいかなえ
撮影／林 均　モデル／城品萌音

1

「きょうはクリスマス」

- そりにサンタと袋を乗せます。トナカイのサンタ服、うさぎの表札、ケーキは家の中に隠しておきます。
- 子ぶたの表札をかけた家を出します。

保育者 きょうはクリスマス。サンタさんが乗ったそりをトナカイが引っ張って走っています。

- トナカイと、サンタを乗せたそりを動かし、そりが走っているように見せます。

サンタ トナカイや、急いでおくれ。
次は子ぶたちゃんの家だぞ。

トナカイ はーい、あーあ、疲れるなあ。

2

トナカイ サンタさん、
子ぶたちゃんの家に着いたよ。

サンタ よしよし、
ちょっと待っていておくれ。

- トナカイを置いて、サンタと袋をそりから降ろします。

44

3

ピューン！

サンタ それ、煙突からピューン！
- サンタを跳ねるように動かして、煙突の中に入れます。

サンタ ほーほほ、子ぶたちゃん、メリークリスマス！
子ぶた わあ、サンタさん、ありがとう！
- サンタと子ぶたの会話を声のみで演じながら、片手でトナカイを持って動かします。

トナカイ サンタさんて、いいなあ。
ぼくもサンタさんになりたいな。

4
- サンタを、子ぶたの家の煙突からピョーンと飛び出させて戻します。

サンタ やあ、お待ちどおさま。
今度はうさぎちゃんの家だよ。

トナカイ サンタさん、ぼく、
サンタさんをやってみたいんだ！
サンタさんってかっこいいし、
みんなに「ありがとう」って
言ってもらえるからね。

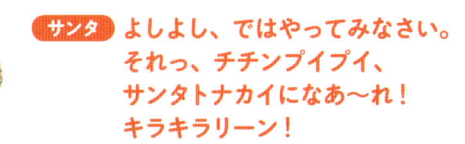

サンタさんを
やってみたいんだ！

やったー！

5

サンタ よしよし、ではやってみなさい。
それっ、チチンプイプイ、
サンタトナカイになあ〜れ！
キラキラリーン！
- サンタを置いて、トナカイの体の筒を抜き、すばやくサンタ服を着せます。

トナカイ わあい、やったー！
サンタ さあ、そりに乗りなさい。
トナカイ はい！

6
- トナカイをそりに乗せ、サンタが引っ張って走ります。家の表札をうさぎに替えます。

トナカイ わあ、気持ちいい！
サンタ トナカイや、
うさぎちゃんの家に着いたよ。
トナカイ では、プレゼントを渡してきまーす！
- トナカイをそりから降ろして煙突の中へ入れようとします。

気持ちいい！

トナカイのサンタさん

7
- トナカイを、なかなか煙突を通れないというように、もぞもぞ動かします。

トナカイ 煙突って通りにくいんだな。
角が引っかかっちゃった。
よいしょ。わわっ！

わわっ！

8
保育者 トナカイは、煙突からストン！と落ちて、尻餅をついてしまいました。
トナカイくん、大丈夫かな…？
- 声のみで演じます。保育者は耳を澄ますしぐさで、家の様子をうかがっている様子を表現します。

トナカイ いたたた！ サンタさんって、
思ったよりたいへんなんだな。
暗くてよく見えないよ。
うさぎちゃんのベッドはどっちかなあ？

うさぎ ぐう〜ぐう〜。
トナカイ あ、こっちだ。
よし、プレゼントを入れる
靴下はどこかな？
「ガツン！」 あいたたた！
なにかにぶつかっちゃった〜！

トナカイくん大丈夫かな…？

あいたたたた！

うさぎ うーん、ムニャムニャ…。
トナカイ わっ、うさぎちゃんが
起きちゃう！ 静かに、静かに…。
- 少し間を置きます。

静かに…

9
トナカイ そっとプレゼントを入れてっと…。
さあ、戻ろう。

トナカイ ごほっ、煙突の中ってすすだらけだし、
狭いなあ。
よいしょ、よいしょ！
ああ、たいへんだあ！

よいしょ、よいしょ！

46

「やっぱりサンタさんはできないよ」

10
● トナカイとサンタを対面させます。

トナカイ サンタさんってたいへんなんだね。
ぼく、やっぱりサンタさんはできないよ。

サンタ トナカイや、
お前がそりを引っ張ってくれるから、
わたしもプレゼントが配れるんだよ。
いつもありがとう。

トナカイ わあ、本当？　うれしいな！

11
● ケーキを出してトナカイの前に置きます。

サンタ ほーほーほー！　さあ、トナカイにも
クリスマスプレゼントだよ。

トナカイ わあい、サンタさん、ありがとう！
これからもがんばってそりを引っ張るよ！

♪ジングルベル　ジングルベル

12
保育者 トナカイくん、よかったですね。
さあ、みんなもいっしょに
クリスマスの歌をうたいましょう！

● トナカイが元気よくそりを引きながら
飛んでいくように動かします。
「ジングルベル」など、クリスマスの歌を
みんなでいっしょにうたいましょう。

おしまい

作り方　型紙 ▶ P88〜89

〈サンタ〉
ペットボトルをカラーポリ袋で包む
輪にしたティッシュペーパー
ボンテン
綿
色画用紙
色画用紙
キラキラした折り紙

〈トナカイ〉
ペットボトルをカラーポリ袋で包む
ボンテン
丸シール
画用紙
ボンテン
色画用紙を筒にする
綿
画用紙

〈袋〉
カラーポリ袋にティッシュペーパーを詰める
輪ゴム
洗濯ばさみ
縛る

〈そり〉
空き箱に装飾
片段ボール
ひも

〈ケーキ〉
広告紙を丸めて成形し、ティッシュペーパーで包む
ボンテン
カラーポリ袋を巻く

〈表札〉
モール
画用紙
色画用紙
カラー工作紙

〈家〉
（表）
台紙は段ボール
不織布
片段ボール
画用紙
割りピン
ボンテン
色画用紙

（裏）
段ボールで箱状の煙突を付ける
折り曲げて立てる

エプロンシアター®
3〜5歳児 サンタさん、用意はできた？

クリスマスまであと少し。サンタさんといっしょに、いろんな道具を準備します。修理の場面はリズミカルなしぐさで、子どもたちといっしょに楽しみましょう。

案・製作指導／中谷真弓
原作／阿部直美　作詞「しろくまくん　なにしてるの」より
キャラクターデザイン・製作／まーぶる
撮影／林　均　モデル／田中　緑

1

- サンタ（帽子の青い面が表にくるようにかぶせる）、そり（取り出す際に壊れた面が表になるように）、袋（取り出す際に破れた面が表になるように）、長靴（取り出す際に汚れた面が表になるように）、赤い洋服、プレゼントを、家のポケットに入れます。トナカイを❸に付けます。家を閉じ、❶に森を貼り付けます。

もうすぐクリスマスです

※❶〜❽は、面ファスナー（凹）を表しています。

このシアターに使うエプロンと人形
型紙▶P90〜93

- 森
- エプロン
- サンタ／帽子
- 赤い洋服
- トナカイ
- 袋
- プレゼント
- そり
- 長靴

家 → 森を外すと → **家を開くと** → **家を開いたところ** ❶❹❺❻❼❽

家のポケット：サンタ、そり、長靴、赤い洋服、袋、プレゼント

エプロンの裏：トナカイ ❷ ❸

見に行ってみましょう

保育者　もうすぐクリスマスです。サンタさんからのプレゼント、楽しみですね。サンタさんは、今頃なにをしているのかしら？特別な魔法で、サンタさんの様子を見に行ってみましょう。アーラ、ブラブラ、カーブララ…エイッ！

2

「トナカイさん、なにをしているの？」
「走っているのさ」
「この森の向こうがサンタさんの家だよ」

|保育者| ここは、サンタさんが住んでいる北の国です。おや、誰か来ましたよ。トナカイさんですね。
● エプロンの裏からトナカイを出して持ち、腕を前後に振って走るしぐさをします。
|トナカイ| イチニ、イチニ…。
|保育者| トナカイさん、なにをしているの？
|トナカイ| 走っているのさ。クリスマスには一晩で世界中の子どもたちにプレゼントを届けるんだよ。だから足を鍛えているのさ。
|保育者| それで走っていたのね。ところでサンタさんは？
|トナカイ| たいへん！サンタさん、まだ寝てるかもしれない。起こしに行こう！この森の向こうがサンタさんの家だよ。
● トナカイを持ったまま森を外し、サンタの家を出します。森は、❷に付けます。

3

|トナカイ| みんな、いっしょに「サンタさーん」って呼んでくれる？
|みんなで| サンタさーん！
|サンタ| ファー、フガフガ…。
● サンタはまだ出さずに、耳に手をかざして、聞くしぐさをします。
|トナカイ| ありゃ、まだ寝ているみたい。もう一度、みんなで呼ぼう。サンタさーん！
● 家を開いて、トナカイを❺に付け、家のポケットからサンタを出し、❹に付けます。
|サンタ| ホイホイ、ファーよく寝た。みなさんおはよう。

「ファーよく寝た」

4

「壊れてるぞ。修理しなくちゃ」
「トン、トン、トン…」

|トナカイ| サンタさん、もうすぐクリスマスですよ。準備しなくちゃ、間に合いませんよ。
|サンタ| ホイホイ、そうじゃ。忘れちゃ、たいへん！えーっと、トナカイくんに引いてもらうそりは…。
● 家のポケットからそり（壊れた面）を出し、❽に付けます。
|サンタ| ホイホイ、壊れてるぞ。修理しなくちゃ。みんなもいっしょに手伝ってね。トン、トン、トン、ト、ト、ト、ト、トン。
● リズミカルに握りこぶしを打ち合わせます。速さを変えて、子どもたちといっしょに、なん度か繰り返します。
|サンタ| ホイホイ、できたぞ。
● そりを裏返して修理した面を見せ、❽に付けます。

「ホイホイ、できたぞ」

サンタさん、用意はできた？★

5

トナカイ サンタさん、プレゼントを入れる袋は？

● 袋（破れた面）を出し、❼に付けます。

サンタ ホイホイ、ありゃ、破れているぞ。
縫わなくちゃ、みんなもいっしょに手伝ってね。
チクチクチク、チクチクチク…。

「破れているぞ」
「プレゼントを入れる袋は？」

チクチクチク…

● リズミカルに縫うしぐさをします。
速さを変えて、なん度か繰り返します。

サンタ ホイホイ、できたぞ。

● 袋を裏返して縫った面を見せ、❼に付けます。

6

「長靴も磨いておきましょう」

トナカイ サンタさん、長靴も磨いておきましょう。

● 家のポケットから長靴（汚れた面）を出し、❻に付けます。

サンタ ホイホイ、そうしよう。
みんなもいっしょに…
シュッ、シュッ、シュッ、
シュシュ、シュシュ、シュッ…。

● 布の両端を交互に引っ張っているように、靴を磨くしぐさをします。
速さを変えて、子どもたちといっしょに、なん度か繰り返します。

きれいになったぞ ✨

サンタ ホイホイ、きれいになったぞ。これで準備はOK？

● 長靴を裏返して磨いた面を見せ、❻に付けます。

シュッ シュッ シュッ…

7

トナカイ サンタさん、クリスマスに着る赤い洋服は？

サンタ ホイホイ、ちゃーんと、しまってあるよ。
ほら！ どれ、ちょっと着てみよう。

● 赤い洋服を家のポケットから出して見せたあと、サンタの体に貼り付け、帽子を裏返して赤い面を出します。

サンタ よし！ これでクリスマスの準備はできたぞ！

「ちゃーんと、しまってあるよ」

「赤い洋服は？」

「どれ、ちょっと着てみよう」

8

トナカイ サンタさん、大切なものを忘れていますよ。

サンタ ホイホイ、他にもなにかあったかね？

トナカイ みんな、なんだかわかるかな？
そう、プレゼント！！

サンタ アハハ…ホイホイ、それを忘れたらたいへんだ！
大丈夫、用意してあるよ。クリスマスまでお楽しみだけど…、ちょっとだけ見せようかな。

● サンタを❹に付け、家のポケットからプレゼントの箱を出して見せ、また戻します。

「ちょっとだけ見せようかな」

「みんな、よい子にして待っていましょうね」

9

トナカイ わー、ワクワクしちゃうね。
みんなにも、きっとステキなプレゼントが届くよ。

保育者 どんなプレゼントが届くのかしら？
楽しみですね。みんな、よい子にして待っていましょうね。

おしまい

2〜3歳児

手作り楽器シアター
不思議なクリスマスベル

クリスマスに届いた不思議なベル。
ベルを鳴らすと何が起きるかな？ 手作りの楽器で、
子どもたちとうたって楽しむシアターです。

案・製作／山本省三
撮影／林 均　モデル／城品萌音
イラスト／坂本直子

1
- リボンのかかった箱を取り出して、子どもたちに見せます。

保育者　ねえ、みんな見て！
プレゼントが届きましたよ。

（プレゼントが届きましたよ）

2
- 箱の蓋を開けて、中からベルと手紙を取り出します。 

保育者　まあ、クリスマスのベルと手紙が入っています。読んでみましょうね。
「クリスマスのベルを鳴らして歌をうたってね。不思議なことが起こるよ」
いったい誰からかしら？

- 空っぽの箱の中を子どもたちに見せてから、蓋を閉めます。

3
保育者　なにが起こるか楽しみね。
それでは、みんなでいっしょにクリスマスの歌「ジングルベル」をうたいましょう。

- ベルを鳴らしながら、「ジングルベル」の歌をうたいます。

♪ジングルベル

どんな不思議なことが起こるのかな？

4 保育者 さあ、歌をうたったら、どんな不思議なことが起こるのかな？
● 再び、箱の蓋を開けます。

5 ● 箱の二重底から、畳んだサンタさんを引き出します。
保育者 わあ、サンタさんですよ！手紙とクリスマスのベルは、サンタさんからのプレゼントだったのね。

箱のしかけ 
箱の底に、ひと回り小さいサイズに切った段ボール板を入れておき、底を二重にしておきます。段ボール板が見えないようにサンタさんを引き出しましょう。

作り方
イラスト／河合美穂

● 材料
空き箱、リボン、ペットボトル、綿ロープ、鈴、画用紙、色画用紙、段ボール板、アルミホイル、カラービニールテープ

〈ベル〉
- 切り取る 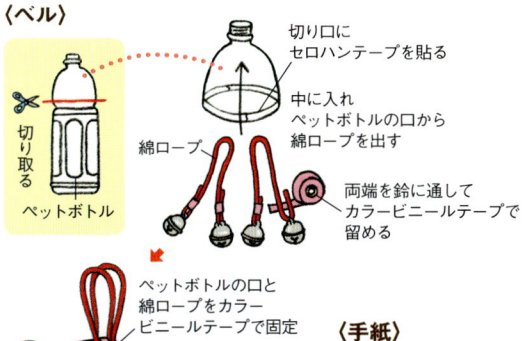
- ペットボトル
- 切り口にセロハンテープを貼る
- 中に入れペットボトルの口から綿ロープを出す
- 両端を鈴に通してカラービニールテープで留める
- ペットボトルの口と綿ロープをカラービニールテープで固定
- アルミホイルを巻く
- カラービニールテープ 貼る

〈手紙〉
画用紙に蛍光ペンで模様を付け、文字を書く 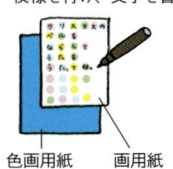
色画用紙　画用紙

〈サンタさんとプレゼントの箱〉
- 切り取る 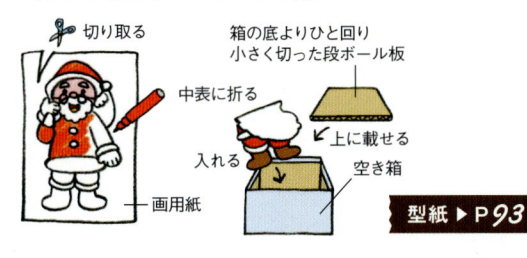
- 中表に折る
- 箱の底よりひと回り小さく切った段ボール板
- 上に載せる
- 入れる
- 空き箱
- 画用紙

型紙 ▶ P93

♪ジングルベル

6 保育者 今度はサンタさんといっしょに「ジングルベル」をうたいましょう。
● もう一度、「ジングルベル」の歌をうたいます。サンタさんを楽しげに揺らしながら演じましょう。

おしまい

かんたんマジック
スノーサンタ

3歳児から

魔法のカップに牛乳を注ぐと、なんと紙吹雪に！
子どもたちの反応を見ながら、
小道具を上手に使って盛り上げましょう。

案・指導／菅原英基　製作／みさきゆい
撮影／正木達郎　モデル／新井田真澄
イラスト／宇田川幸子

1
● 机の上に魔法のカップと牛乳を用意し、
おまじないスティックを持ちます。

保育者 さあ、みんな。
サンタさんの魔法が始まるよ。

「サンタさんの魔法が始まるよ」

魔法のカップ

※魔法のカップは、雪が降っている面が子どもたちに見えないように置く。

2
● おまじないスティックを置き、
魔法のカップに牛乳を注ぎます。

保育者 まず、魔法のカップに牛乳を注ぎます。

※牛乳は、カップの底に詰めたティッシュペーパーに染み込む程度の量にし、注ぎすぎない。

3
● おまじないスティックを魔法のカップにかざして

保育者 サンタさんがおまじないをかけると…？
♪雪降れシャンシャン♪　エイッ！

♪雪降れシャンシャン

「町に雪が降ってきたよ！」

● 魔法のカップをゆっくりと180度回転させ、
雪が降っている面を見せながら

保育者 ほら！町に雪が降ってきたよ！

● 子どもたちの反応を待ちます。

子どもたち エーッ？
それ、雪じゃなくて絵だよ〜！

\パッ！/

4
● 机の下から扇子を取り出し、パッと開きます。

(保育者) じゃあ、魔法のカップの中の牛乳はどうなったのかな？　もう一度おまじないをかけるよ。♪雪降れシャンシャン♪　エイッ！

● 魔法のカップを左手で持って少し傾け、右手に持った扇子で風を送って、カップの中の紙吹雪を少しずつ舞い上がらせます。

(保育者) あれあれ…？

5
● 魔法のカップを傾けていき、扇子のあおぎ方も徐々に強くしていきます。

(保育者) なんと、牛乳が雪になりました！

● 子どもたちの反応を見ながら、紙吹雪をすべて舞い上がらせます。

(子どもたち) ワーッ！　本当に雪になっちゃった！

「雪になりました！」

「メリークリスマス！」

6
● 扇子と魔法のカップを机に置き、おまじないスティックを持ちます。

(保育者) みんな、サンタさんの魔法はおもしろかったかな？

おしまい

演じ方のポイント

● 3で魔法のカップを回転させるまでは、カップの雪が降っている面を見せないようにする。

● 扇子は、片端を持って下に振り下ろして開くと、ショーらしい雰囲気が演出できる。

● 5は、雪の舞い方が徐々に激しくなるように、カップの角度と扇子の風量を調節する。

作り方　イラスト／河合美穂

〈魔法のカップ〉

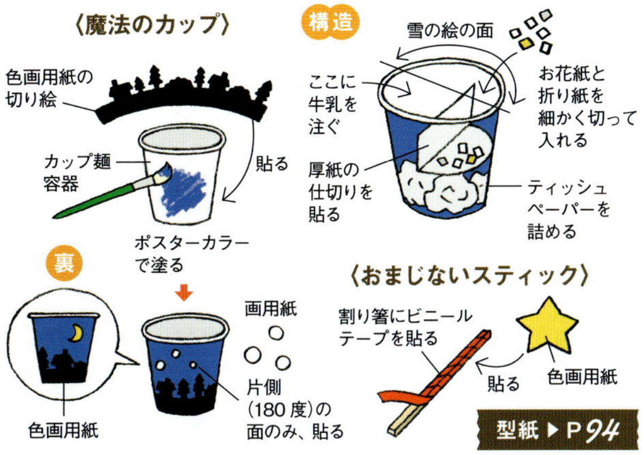

色画用紙の切り絵／カップ麺容器／貼る／ポスターカラーで塗る

構造
雪の絵の面／ここに牛乳を注ぐ／厚紙の仕切りを貼る／お花紙と折り紙を細かく切って入れる／ティッシュペーパーを詰める

裏
色画用紙／画用紙／片側（180度）の面のみ、貼る

● 材料
カップ麺容器、色画用紙、画用紙、厚紙、お花紙（白色）、折り紙（金色と銀色）、ティッシュペーパー、割り箸、ビニールテープ、牛乳、扇子

〈おまじないスティック〉
割り箸にビニールテープを貼る／貼る／色画用紙

型紙 ▶ P94

55

3~5歳児

マジックシアター
なかよし お星様

バラバラのお星様が、おまじないでつながったり離れたり。おまじないの言葉を工夫して、盛り上げましょう。最後には、みんなですてきなツリーを飾ります。

案・製作・指導・実演／大友 剛
撮影／林 均　イラスト／宇田川幸子

1

保育者 もうすぐクリスマスだね。ここに、クリスマスに飾る星を用意しました。

● 子どもたちに、バラバラの星を見せます。子どもたちに触らせて、星にしかけがないことを確かめさせてもよいでしょう。

「もうすぐクリスマスだね」

2

保育者 この星を魔法の封筒に入れて…

● バラバラの星を封筒に入れます。

保育者 おまじないをかけるよ！

● 封筒の上に魔法のステッキをかざします。

「おまじないをかけるよ！」

※おまじないの言葉を考えておき、子どもたちといっしょに唱えると、盛り上がります。

種明かし1
封筒に仕切りを作っておきます。片方につながった星を隠しておき、もう片方にバラバラの星を入れましょう。

3

保育者 さあ、どんなふうになっていると思う？

※封筒の中で、どんな不思議なことが起こっているのか、子どもたちに自由に想像してもらって、盛り上げましょう。

保育者 よーく見ていてね、さっきの星を封筒から出すよ。

● 封筒から、つながった星を取り出して広げます。

保育者 あれれ、お星様が仲よく手をつないで出てきたよ！

「手をつないで出てきたよ！」

4

保育者 つながった星を封筒に戻して、もう一度おまじないをかけてみよう！

● 再び、つながった星を封筒に戻します。

保育者 今度はどうなるかな？

● 封筒の上に魔法のステッキをかざします。

種明かし2
つながった星を封筒に戻す際は、仕切りの位置に注意して、バラバラの星と反対側に入れます。

「今度はどうなるかな？」

5

「なんと不思議！」

保育者 なんと不思議！また星がバラバラになったよ！！

● バラバラの星を封筒から出します。

※バラバラの星を出し終わったら、さりげなく封筒を隠してしまいましょう。

6

● 出した星を、子どもたちに渡します。

保育者 さあ、みんなでこの星をクリスマスツリーに飾ろう！

● 壁に貼っておいたクリスマスツリーに、子どもたちといっしょに星を貼ります。

おしまい

作り方
イラスト／河合美穂　●材料：キラキラした包装紙、封筒、色画用紙、クレープ紙

〈ツリー〉
- クレープ紙
- 色画用紙
- 両面テープで貼る
- 貼る
- 斜線部分を切り取る
- 星形に切った色画用紙
- 切り込みを入れる
- さし込む

〈ステッキ〉
- 色画用紙
- 巻く
- 細く切った色画用紙
- 細く切った色画用紙を斜めに巻き付ける

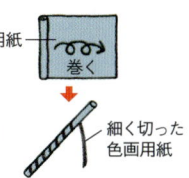

〈つながった星〉
- キラキラした包装紙
- じゃばらに折る
- 端を切り落とさないよう注意
- 斜線部分を切り取る

〈封筒〉 ※封筒を2枚使って作ります
- 封筒
- 切り取って斜線部分だけを使う
- 入れる
- 封筒
- 中に仕切りができる

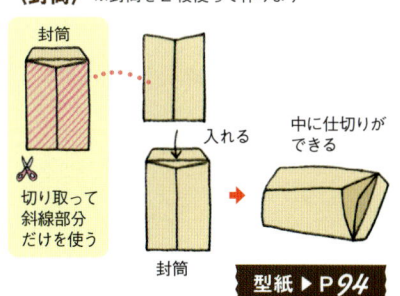

型紙▶P94

57

2〜5歳児 マジックシアター
びっくりクリスマス

次々としかけが現れるマジックシアター。
びっくり箱には、子どもたちも大喜び！
クリスマス会で演じれば、
盛り上がること間違いなしです。

案・指導・製作／立花愛子　佐々木 伸
撮影／林 均　モデル／吉江 瞳

1
- プレゼント（小）の箱を出します。
- **保育者** クリスマスのプレゼントが届いたよ。なにかしら？
- 箱を振って音を聞いたり、たたいたりしてみます。
- **保育者** 開けてみようか？

「クリスマスのプレゼントが届いたよ」
トントン！

2
キャー！
- プレゼント（小）を開けます。
- **保育者** キャー！びっくり箱だったなんて！でも、おもしろいからもう1回やってみるね。
- 中から出てきたかえるを畳んで箱の中に入れ、もう一度箱を開けます。
- **保育者** あれ？ 箱の中に手紙があるよ。なんて書いてあるのかな？
- 箱の底に入れてあった手紙を取り出します。
- **保育者** どれどれ…「本当のプレゼントは机の下にあります」と書いてあるよ！

3
- 机の下を探して、プレゼント（大）を出します。
- **保育者** あったあった！大きなプレゼント！今度はきっと本物のプレゼントよね。
- ドキドキしながら、そっとプレゼントの箱を開けます。
- **保育者** あっ！お鍋だね！きっとクリスマスのごちそうが入っているのよ！でもぺちゃんこ…ピザかな？ おすしかな？
- 子どもたちとやりとりをしながら、丸くてぺちゃんこな鍋に入る料理名を考えます。

あっ！お鍋だね！

4
- **保育者** じゃあ開けてみるよ。なんだろう…？
- 鍋の蓋の裏側が見えないように、開けます。
- **保育者** キャー！びっくり！なにが出てきたの？

58

|保育者| あれあれ？
メリークリスマスと
書いてあるよ。
キラキラして
きれいだね。
あれ？ クンクン…。
なんだかいい匂いが
するよ！なんだろう？

● 匂いをかぐまねをします。

|保育者| 甘〜い匂いがするよ！

「メリークリスマス
と書いてあるよ」

5

● 鍋の裏に畳んであるケーキを広げながら

|保育者| わぁ！ クリスマスのプレゼントはケーキだったんだね。

● 蓋の裏のケーキの絵を子どもたちに見せます。

「クリスマスの
プレゼントはケーキ
だったんだね」

6

|保育者| ケーキもそろったし、これからみんなで
クリスマスパーティーを始めましょう。
おもしろい物を作ったの！ よく見ててね！

● 紙コップのクラッカーを取り出して、紙吹雪を飛ばします。

|保育者| メリークリスマス！

「メリー
クリスマス！」

おしまい

作り方　イラスト／河合美穂　　型紙▶P95

● **材料**：リボン、キラキラした折り紙、キラキラしたテープ、
色画用紙、牛乳パック、輪ゴム、シール、箱（蓋付き）、紙皿、
目玉クリップ、丸シール、コピー用紙、紙コップ、たこ糸、
紙テープ、折り紙、つまようじ、カラー布クラフトテープ、
包装紙、クリップ

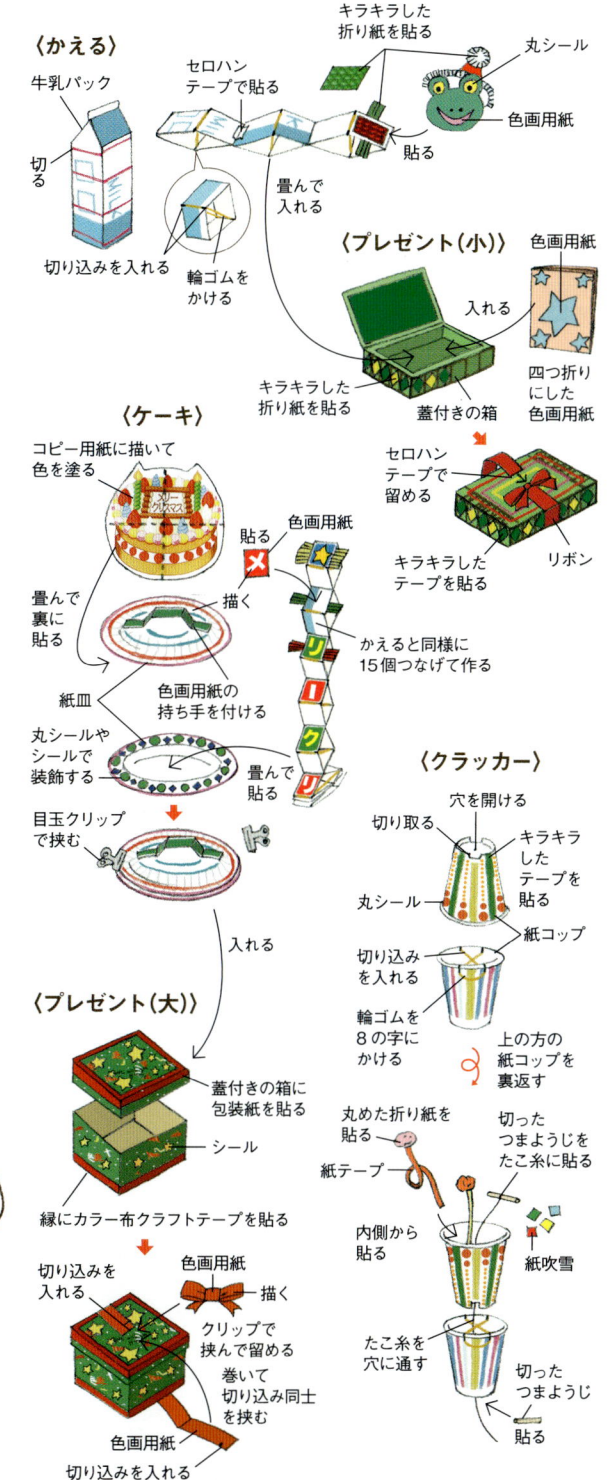

〈かえる〉
牛乳パック／切る／切り込みを入れる／セロハンテープで貼る／畳んで入れる／輪ゴムをかける／キラキラした折り紙を貼る／丸シール／色画用紙／貼る

〈プレゼント（小）〉
キラキラした折り紙を貼る／蓋付きの箱／入れる／色画用紙／四つ折りにした色画用紙／セロハンテープで留める／キラキラしたテープを貼る／リボン

〈ケーキ〉
コピー用紙に描いて色を塗る／貼る／色画用紙／畳んで裏に貼る／描く／紙皿／色画用紙の持ち手を付ける／丸シールやシールで装飾する／畳んで貼る／目玉クリップで挟む／かえると同様に15個つなげて作る

〈プレゼント（大）〉
入れる／蓋付きの箱に包装紙を貼る／シール／縁にカラー布クラフトテープを貼る／切り込みを入れる／色画用紙／描く／クリップで挟んで留める／巻いて切り込み同士を挟む／色画用紙／切り込みを入れる

〈クラッカー〉
穴を開ける／切り取る／キラキラしたテープを貼る／丸シール／紙コップ／切り込みを入れる／輪ゴムを8の字にかける／上の方の紙コップを裏返す／丸めた折り紙を貼る／紙テープ／切ったつまようじをたこ糸に貼る／内側から貼る／紙吹雪／たこ糸を穴に通す／切ったつまようじ／貼る

おりがみ

撮影／林 均　正木達郎

折り方の約束と記号　※裏返すときは、上下ではなく左右に裏返す。

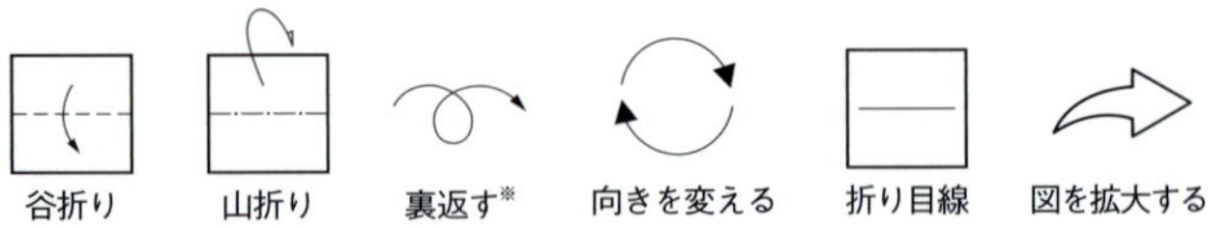

谷折り　山折り　裏返す※　向きを変える　折り目線　図を拡大する

ばんざいサンタ

ばんざいのポーズが
楽しいサンタさんです。

監修／小林一夫（おりがみ会館館長）
原案／中島進
折り図・製作／湯浅信江

1　折り目を付けて戻す
2　真ん中の線に向かって折る
3　真ん中の線に向かって折る
4　図の位置で山折りする
5　真ん中の三角に合うように折る
6　図の位置で谷折りする
7　折ったところ。左側も 5、6 と同様に折る
8　顔を描いて、できあがり

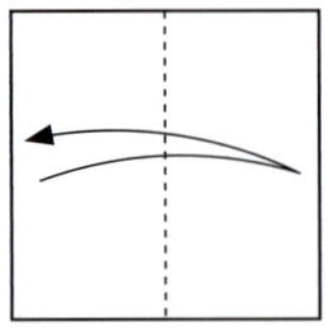

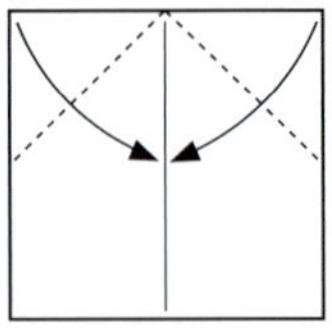

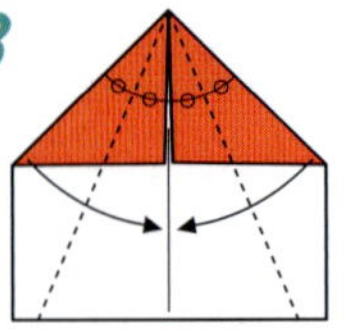

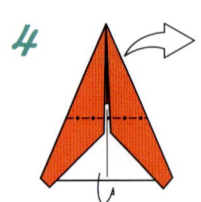

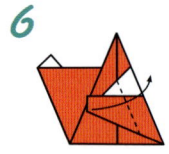

とんがりサンタさん

顔とひげを好きに描いて、
とんがりサンタの完成です。

監修・案・折り図・製作／西田良子

1　縦半分に折り目を付けて戻し、下の角を上まで折り上げる
2　上の紙を下まで折る
3　半分の所に折り目を付けて戻す
4　下から巻くように 3 回折る
5　折ったところ
6　真ん中の線に向かって折る
7　●の角を引き上げながら、左右の袋を開いて 8 のようにつぶす
8　左右を真ん中まで折る
9　顔を描いて、できあがり

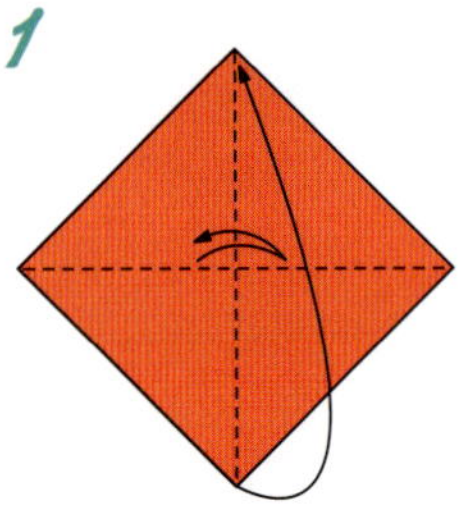

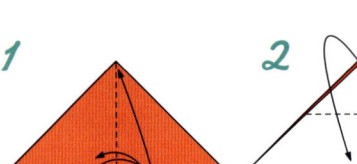

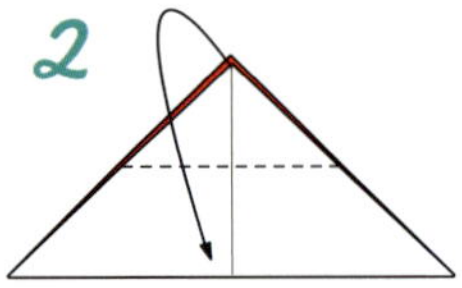

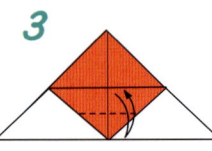

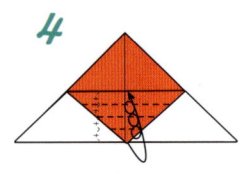

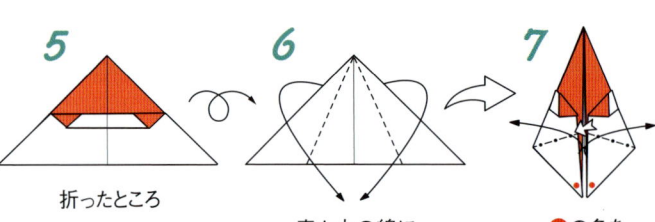

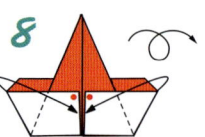

トナカイ

トナカイらしい折り返した角がポイント。

監修・案・折り図・製作／西田良子

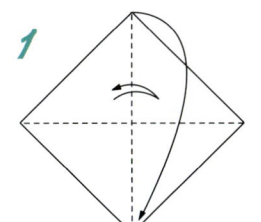

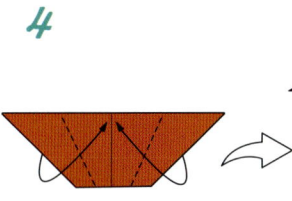

1 左右に折り目を付けて戻し、上下を半分に折る

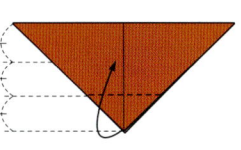

2 上の紙を1/3の所で折り上げる

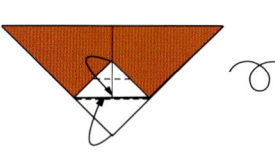

3 2で折り上げた角を手前に折り、下の角は間に折る

4 真ん中の線に向かって折る

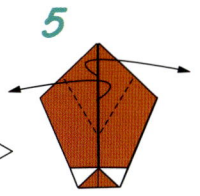

5 折り目の通りに左右に折る

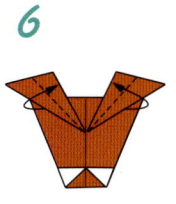

6 左右を半分に折る

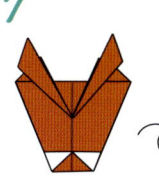

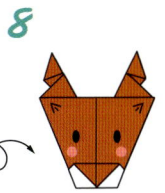

7 折ったところ

8 顔を描いて、できあがり

クリスマスツリー

2段の形が本格的な作品。飾りを描いて、華やかに。

監修・案・製作／新宮文明
折り図／みつき

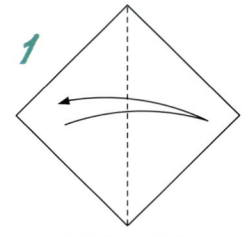

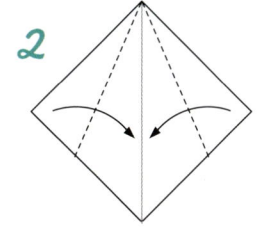

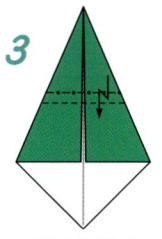

1 折り目を付ける

2 真ん中の線に向かって折る

3 図の位置で段折りする

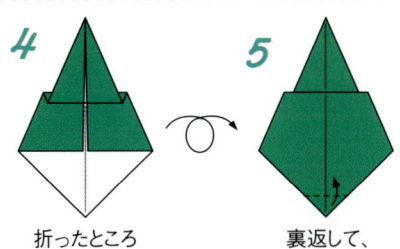

4 折ったところ

5 裏返して、下の角を谷折りする

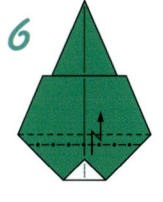

6 図の位置で段折りする

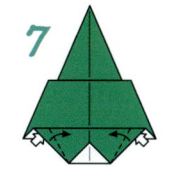

7 白い矢印の所から、袋を開いてつぶす

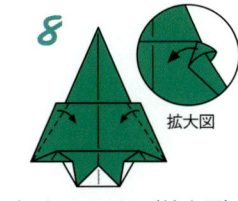

8 三角ができるように（拡大図）、斜めに折る

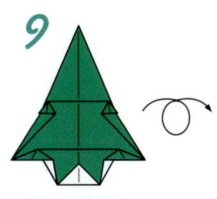

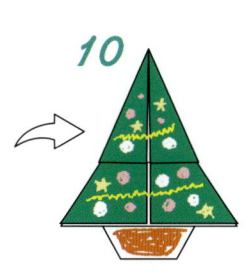

9 折ったところ

10 飾りを描いて、できあがり

おりがみ

リース

白いラインが
おしゃれなリースです。
思い思いの飾りを付けて。

監修・案・折り図／西田良子
製作／あかまあきこ

1 (あ)のように、折り目を付けて戻し、(い)の4つの角を、中心を少し開けて**2**のように折る

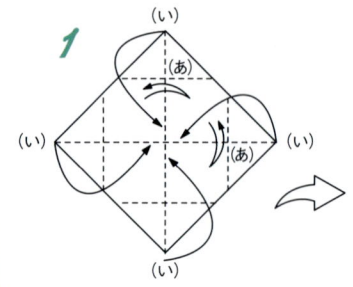

2 4つの角を、それぞれ中心に向かって折り目を付けて戻す

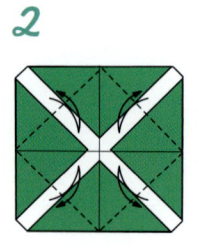

3 斜めに半分に折る

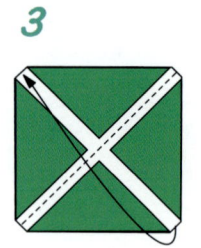

4 半分に折る

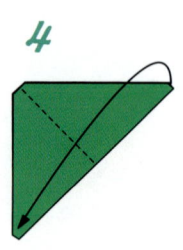

5 斜線部分を切り取って、**6**のように開く

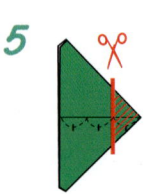

6 4つの角を2回巻くように折る

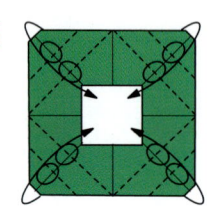

7 上の角を段折りし、他の3つの角を山折りする

8 模様を付けて、できあがり

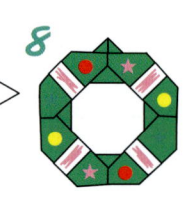

ベル

コロンとしたかわいいベルは、
金や銀の折り紙で折っても。

監修・案・製作／梨本竜子
折り図／菅原良子

※ベルを使った室内飾り→P33

1 半分に折る

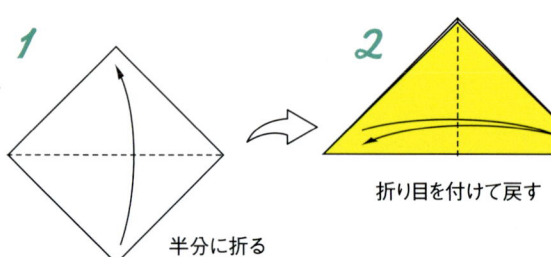

2 折り目を付けて戻す

3 下の部分を折り上げる

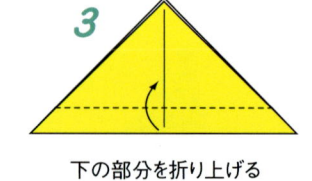

4 折ったところ

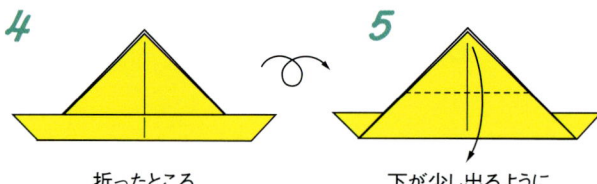

5 下が少し出るように上の紙だけ折る

6 ○と○を合わせるように折る

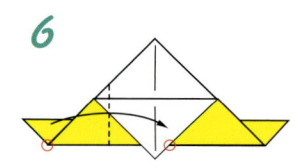

7 ○と○を合わせるように折り目を付けて戻す

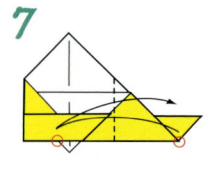

8 右側を左の内側に差し込む

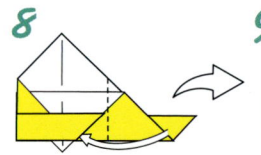

9 上の角を段折りする

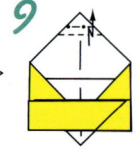

10 折ったところ

11 できあがり

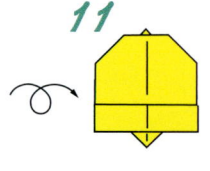

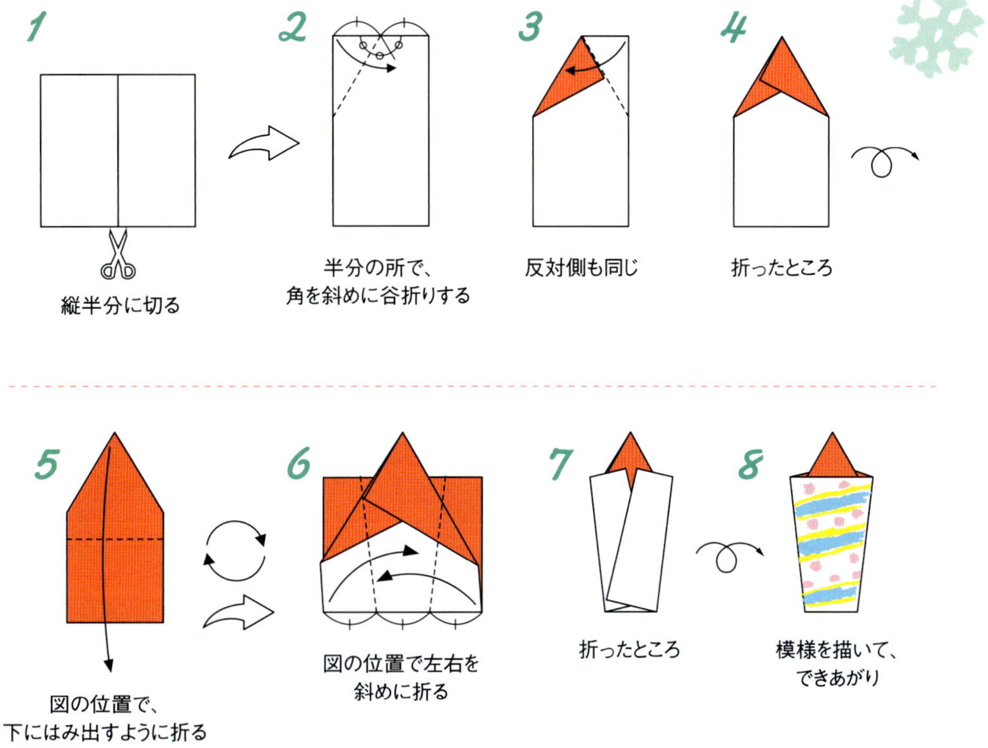

キャンドル

1枚の折り紙で2つ作れる
キャンドルは、たくさん
模様が描ける楽しい作品です。

監修／小林一夫（おりがみ会館館長）
折り図・製作／湯浅信江

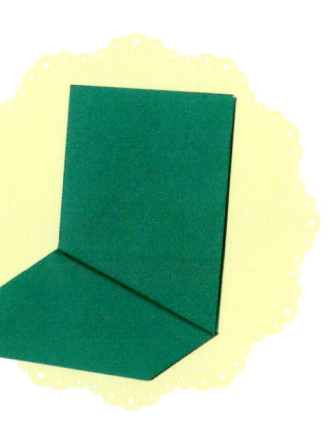

1 縦半分に切る
2 半分の所で、角を斜めに谷折りする
3 反対側も同じ
4 折ったところ
5 図の位置で、下にはみ出すように折る
6 図の位置で左右を斜めに折る
7 折ったところ
8 模様を描いて、できあがり

靴下

靴下はクリスマスの
定番モチーフです。
ツリーのオーナメントにしても。

監修・案・製作／梨本竜子
折り図／菅原良子

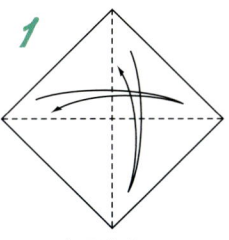

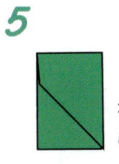

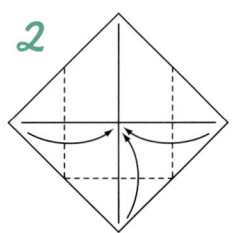

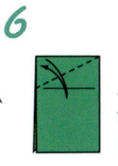

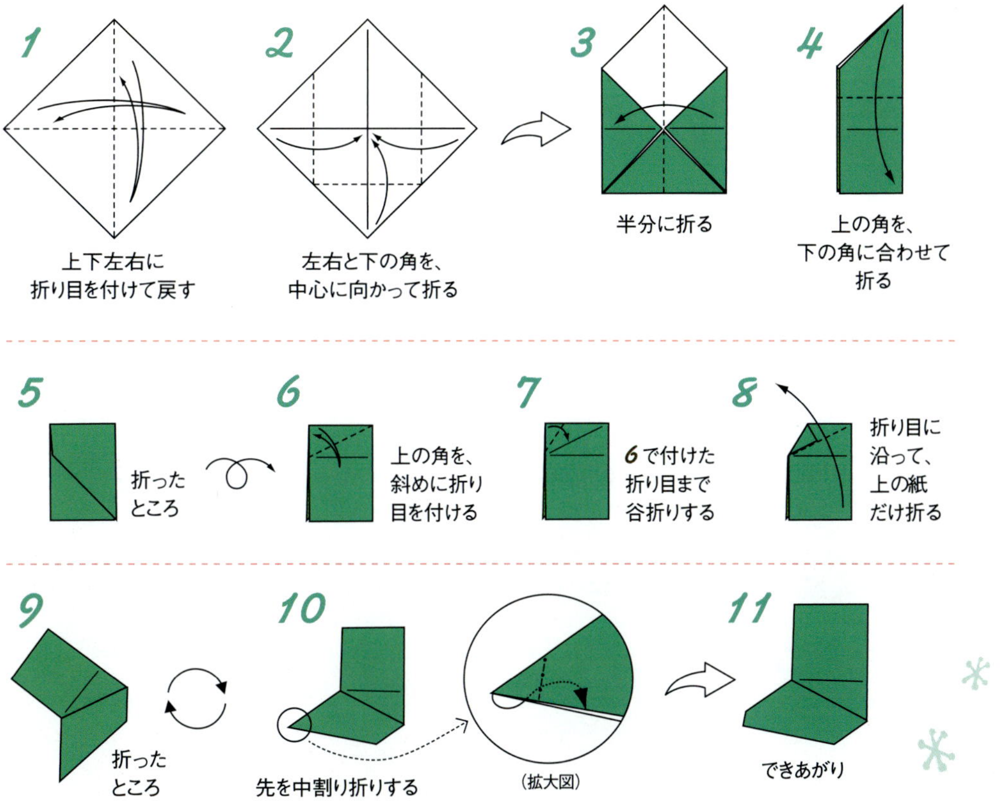

1 上下左右に折り目を付けて戻す
2 左右と下の角を、中心に向かって折る
3 半分に折る
4 上の角を、下の角に合わせて折る
5 折ったところ
6 上の角を、斜めに折り目を付ける
7 6で付けた折り目まで谷折りする
8 折り目に沿って、上の紙だけ折る
9 折ったところ
10 先を中割り折りする （拡大図）
11 できあがり

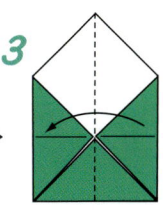

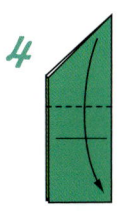

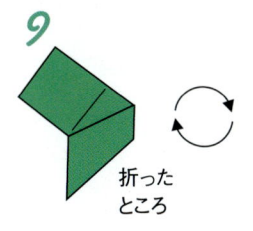

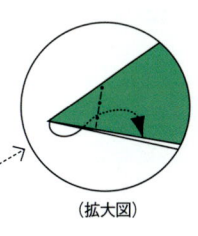

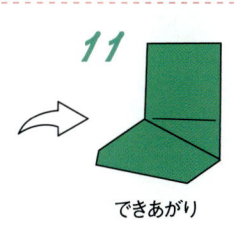

63

ジャンボツリーの作り方（P4〜7）

P4 カラーポリ袋のつやつやツリー
イラスト／河合美穂

- しわを付けたアルミホイルで厚紙を包む
- 貼る
- キラキラした折り紙
- スズランテープを貼る
- 色画用紙
- 子どもの作品
- 貼る
- カラーポリ袋
- 貼る
- 子どもの作品
- 輪ゴムで縛る
- 貼る
- 画用紙
- 丸めたカラーポリ袋を詰める
- 色画用紙
- 綿を貼る

P5 テント風ホワイトツリー
イラスト／みつき

- 丸材4本を組む
- 輪ゴムで固定
- 段ボール
- 貼る
- 段ボールに金色の紙を貼る
- 広がらないように、綿ロープなどで固定
- 巻く
- カラーセロハンでティッシュペーパーを包む
- キラキラしたモール
- カラーポリ袋をひだを寄せながら巻いていく
- 貼る
- 軽量紙粘土
- 段ボールに色画用紙を貼る
- 金色の折り紙

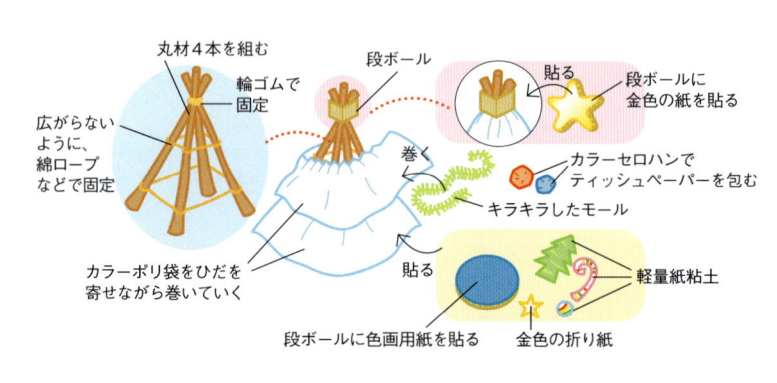

P6 おだんご新聞紙のコラージュツリー
イラスト／みつき

- 色画用紙
- 貼る
- 市販のポンポン付きブレードを掛けてプッシュピンで留める
- 色画用紙
- はぎれ
- 新聞紙に絵の具を塗り、乾かしてから丸めて貼る
- ボンテン
- コルクシートをクレヨンで塗る
- 目立たない色で、壁にツリー形の紙を貼っておく

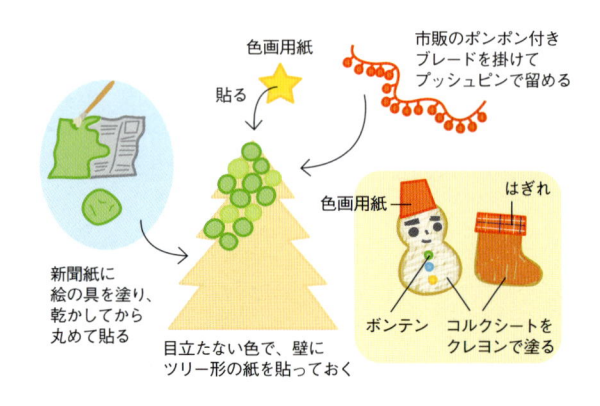

P7 ケーキ風段ボール箱のツリー
イラスト／河合美穂

- カラー工作用紙を貼る
- リボンを貼る
- 絵の具で表に色を塗る
- 紙皿
- 厚紙を折って貼り、支えを作る
- 貼る
- キラキラしたモール
- 切り込みを入れる
- 山折り
- リボン
- 裏返す
- 綿を貼る
- カラー工作用紙にキラキラしたテープを貼る
- 貼る
- 色画用紙
- 描く
- 貼る
- ちぎった色画用紙を貼る
- 段ボール箱

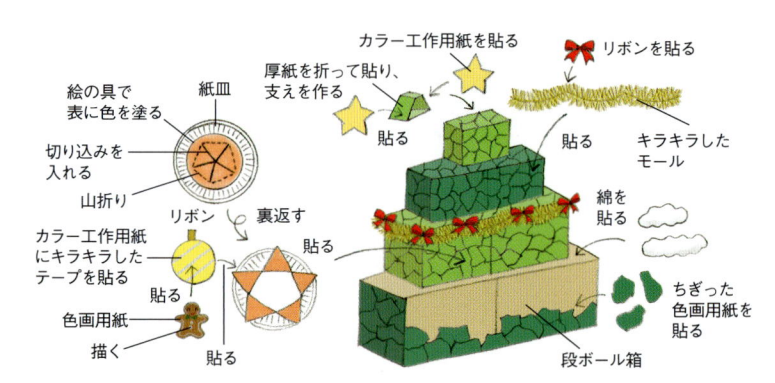

コピーして使おう！ 型紙コーナー

型紙 ▶ P00 のマークがついている製作物の型紙コーナーです。必要な大きさに拡大コピーしてお使いください。

P4〜7 みんなで飾ろう！ ジャンボツリー

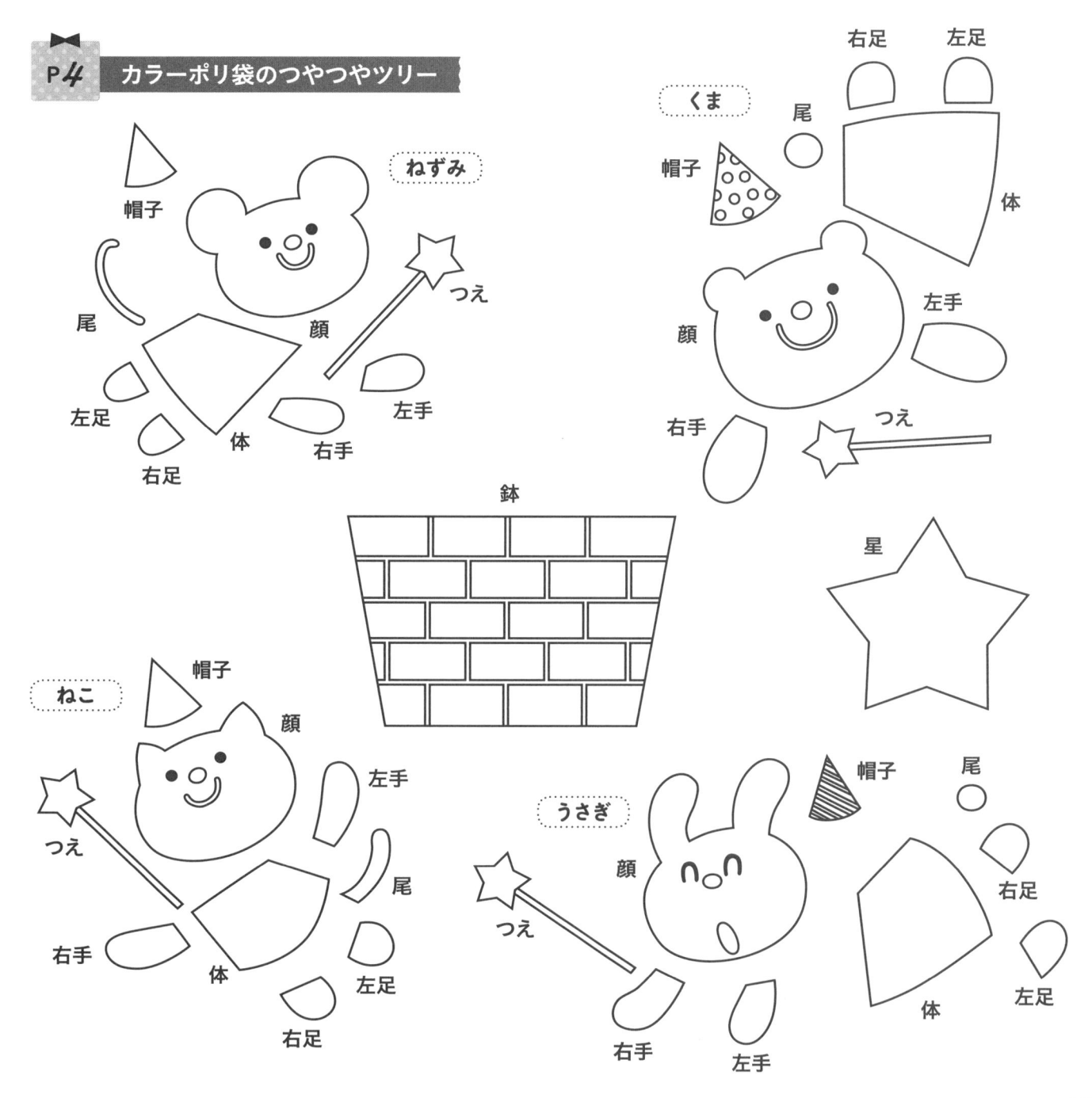

P4 カラーポリ袋のつやつやツリー

ねずみ — 帽子／尾／顔／つえ／左足／体／右手／左手／右足

くま — 右足／左足／尾／帽子／体／顔／左手／右手／つえ

鉢

星

ねこ — 帽子／顔／つえ／左手／尾／右手／体／右足／左足

うさぎ — 帽子／尾／つえ／顔／体／右足／左足／右手／左手

65

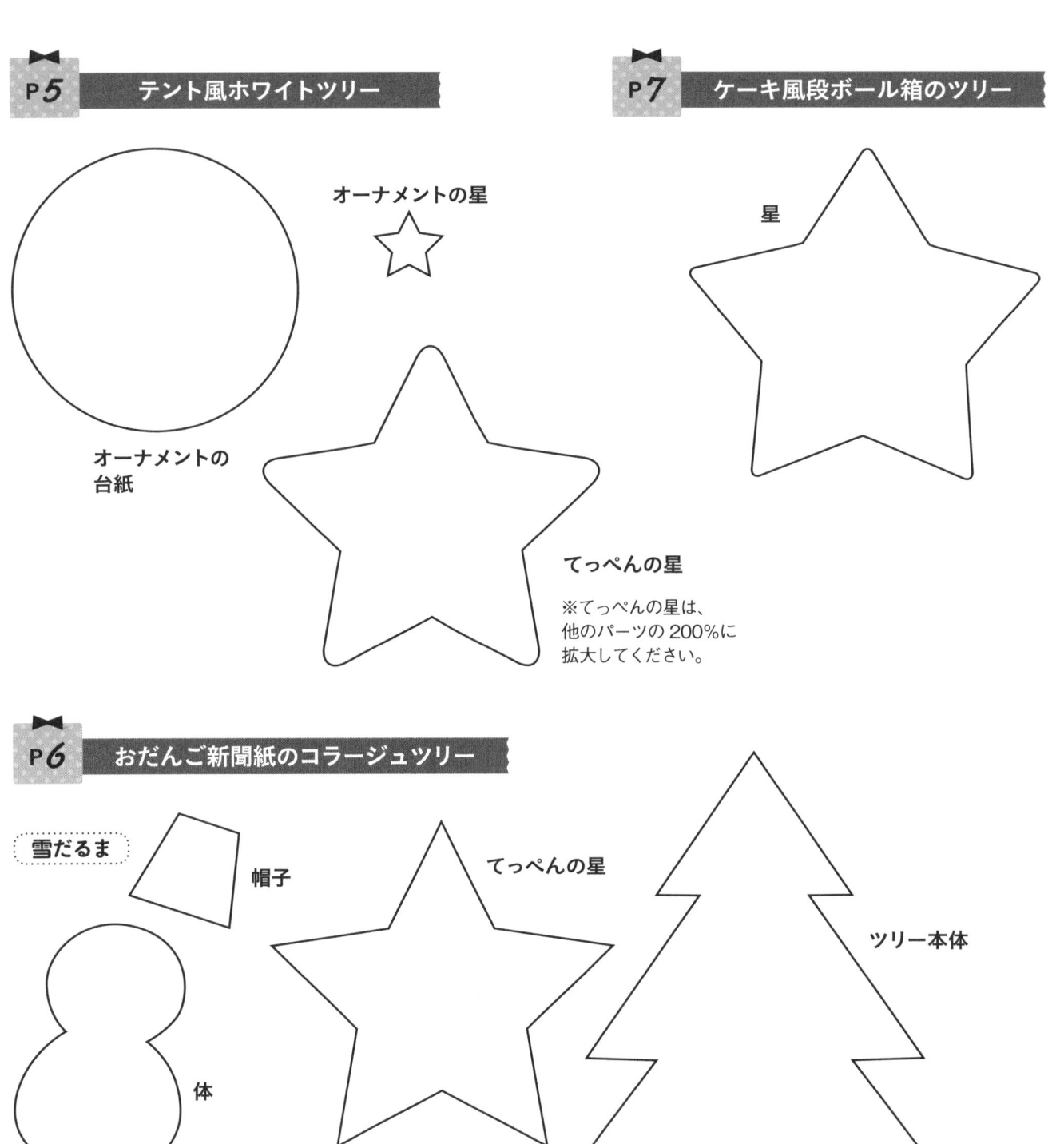

P5 テント風ホワイトツリー

オーナメントの台紙

オーナメントの星

てっぺんの星

※てっぺんの星は、他のパーツの200％に拡大してください。

P7 ケーキ風段ボール箱のツリー

星

P6 おだんご新聞紙のコラージュツリー

雪だるま

帽子

体

ブーツ

※反対向きのブーツは、反転コピーをしてください。

てっぺんの星

星

※大きい星は拡大コピーをしてください。

ツリー本体

※ツリー本体は、他のパーツの400％に拡大コピーをしてください。

このメッセージが見えるまで開くときれいにニヒーすることができます。

P8～13 自分だけの！ミニツリー

P8 ゴージャス3段重ねツリー

星

P9 ぺったん指スタンプツリー

ツリー本体

星

P8 ぐるぐるマーブル模様ツリー

P9 カラフル野菜スタンプツリー

P11 キラキラ紙粘土ツリー

星

P12 紙コップのゆらゆらツリー

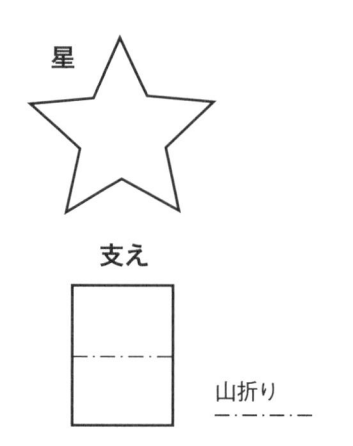

星

支え

山折り

このメッセージが見えるまで開くときれいにコピーすることができます。

P9 ふっくら綿入りツリー

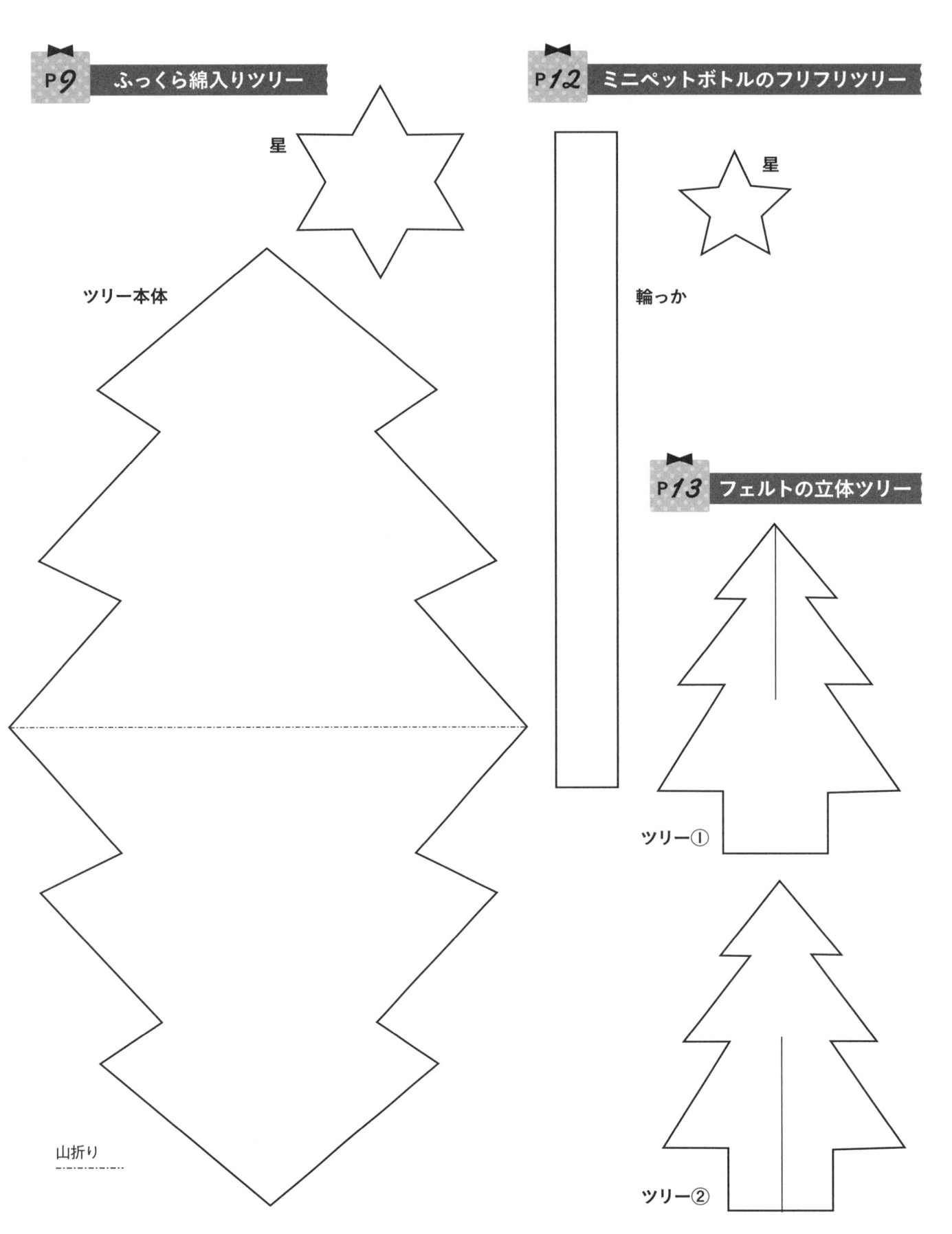

星

ツリー本体

山折り

P12 ミニペットボトルのフリフリツリー

輪っか

星

P13 フェルトの立体ツリー

ツリー①

ツリー②

このメッセージが見えるまで開くときれいにニヒーすることができます。

P16~30 作って楽しい！オーナメント

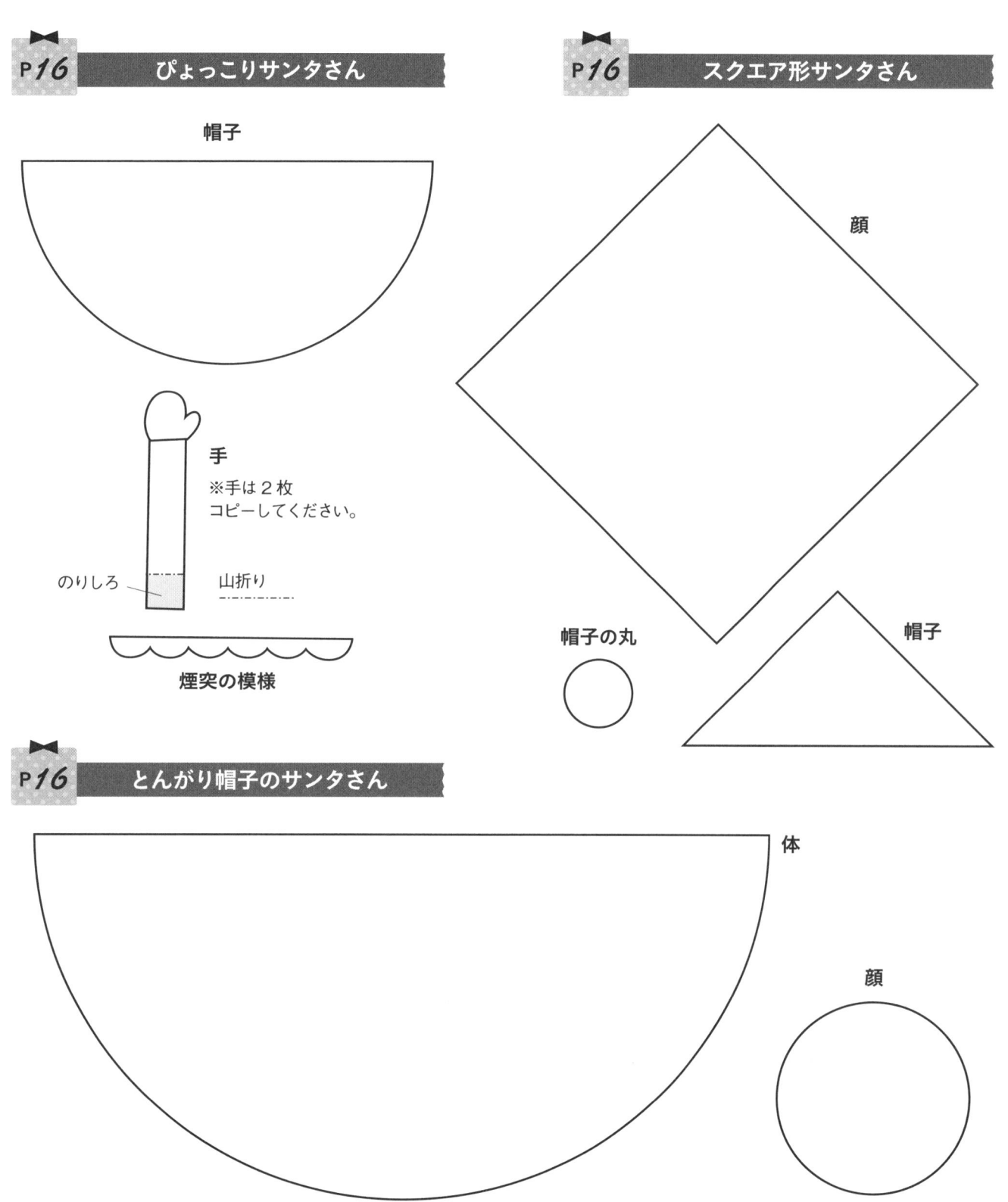

P16 ぴょっこりサンタさん

帽子

手
※手は2枚コピーしてください。
のりしろ　山折り
煙突の模様

P16 スクエア形サンタさん

顔
帽子の丸
帽子

P16 とんがり帽子のサンタさん

体
顔

このメッセージが見えるまで開くときれいにコピーすることができます。

P19 ちぎり貼りのサンタさん

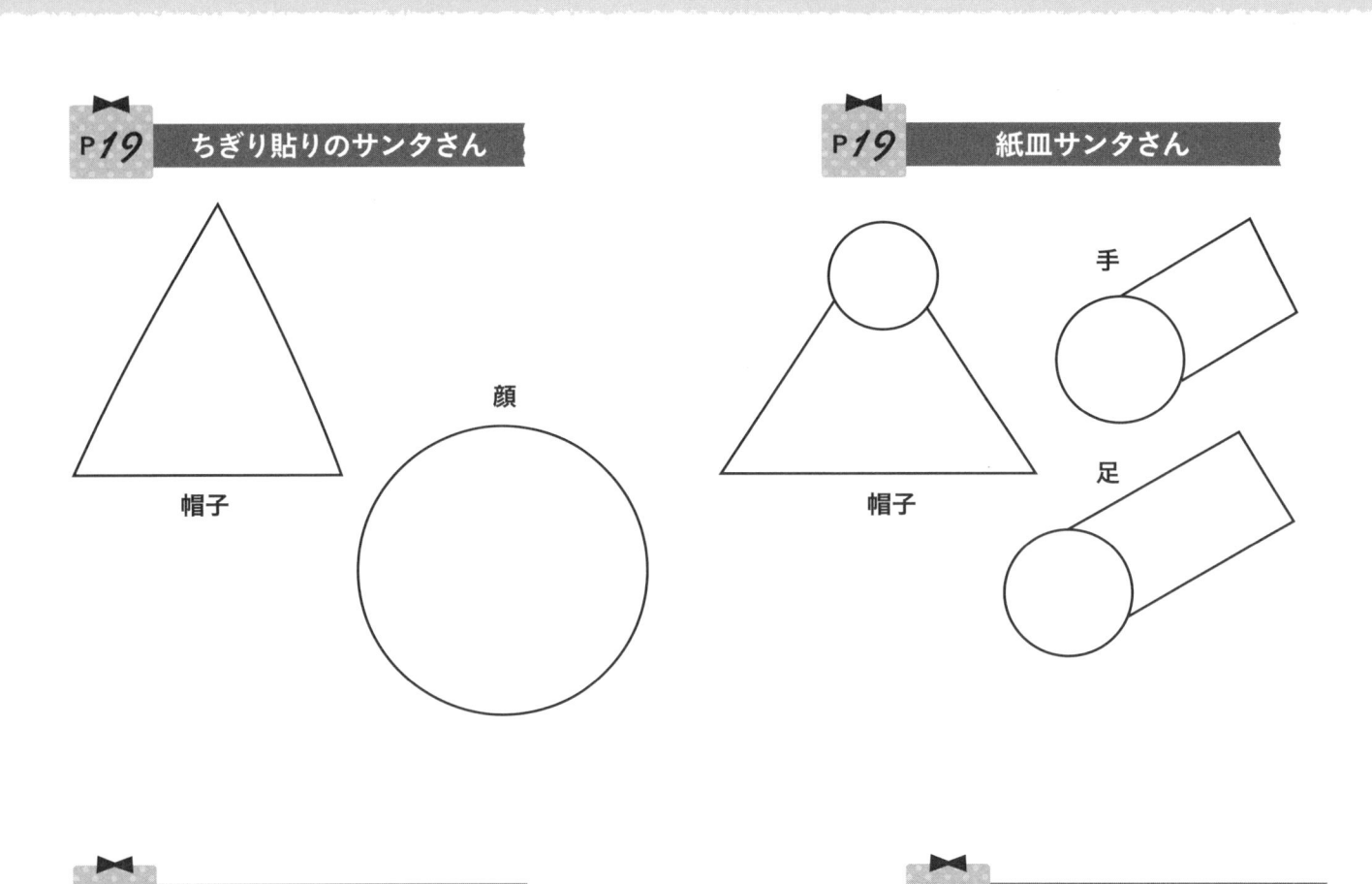

帽子
顔

P19 紙皿サンタさん

帽子
手
足

P20 ペッタンキラキラブーツ

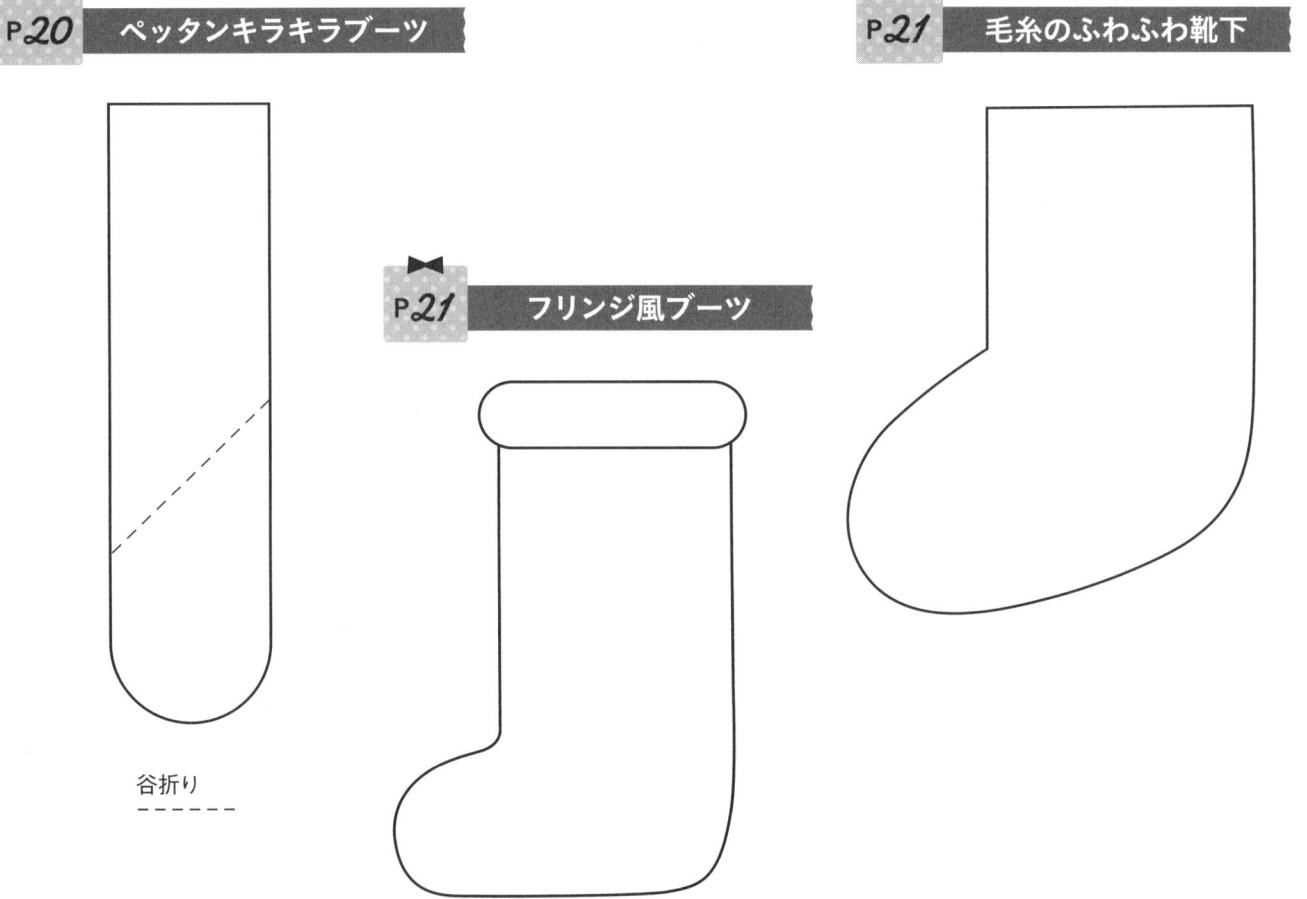

谷折り

P21 フリンジ風ブーツ

P21 毛糸のふわふわ靴下

このメッセージが見えるまで開くときれいにニヒヒーすることたてできます

P21 ぐるぐるモール模様の靴下

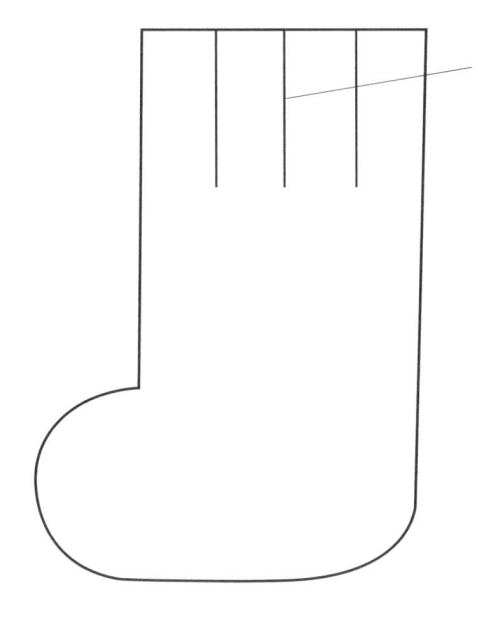

切り込みを入れる

P20 トイレットペーパー芯の立体ブーツ

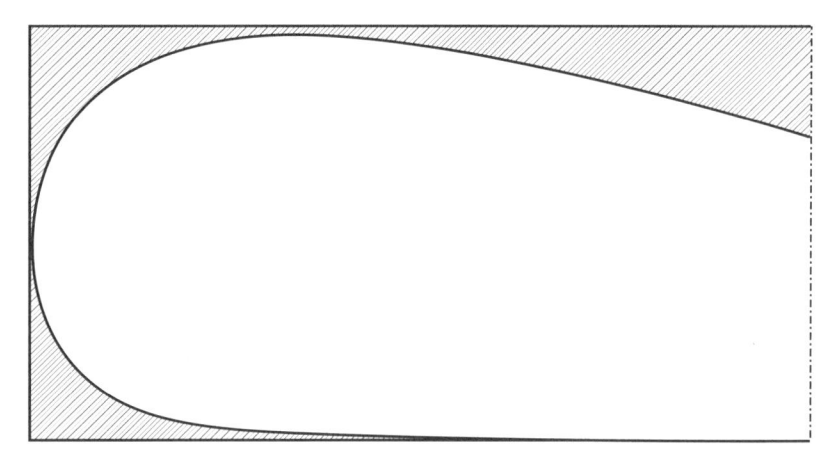

░░░░ 切り取る
- - - - 山折り

※トイレットペーパー芯の立体ブーツは、等倍にコピーするとちょうどよいサイズです。色画用紙を二つ折りにして切ってください。

P23 ちくちく毛糸通し靴下

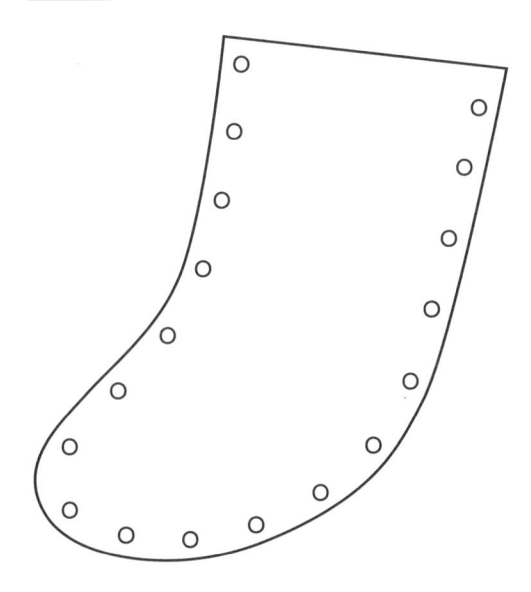

※同じ型で2枚コピーしてください。

P23 ぺたぺたコラージュ靴下

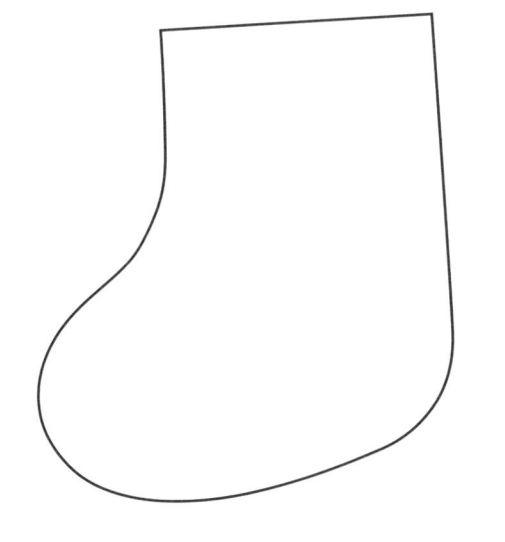

このメッセージが見えるまで開くときれいにコピーすることができます。

71

P.25 くしゃくしゃ毛糸のリース

切り抜く

土台

P.25 紙皿キャンドルリース

キャンドル

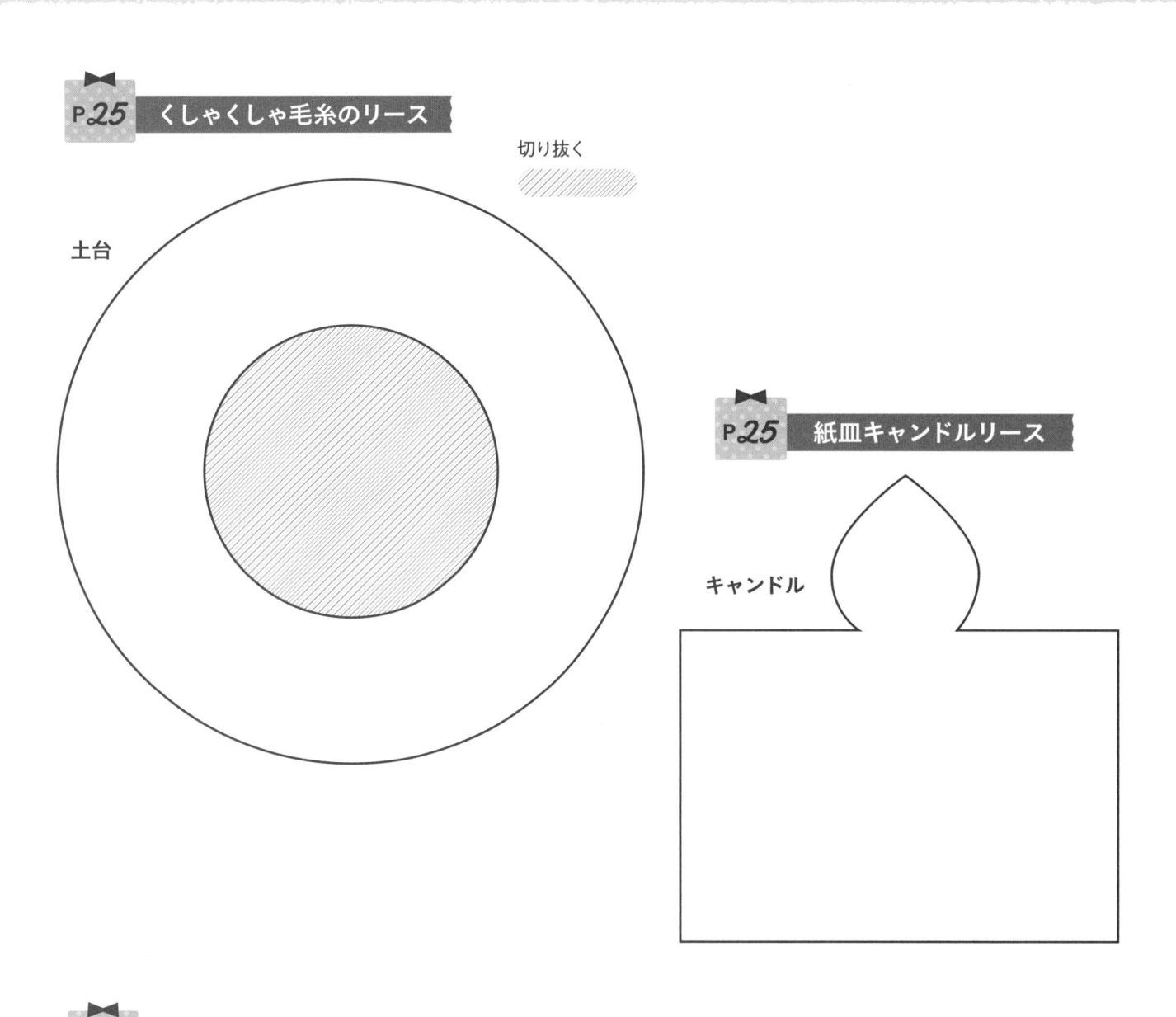

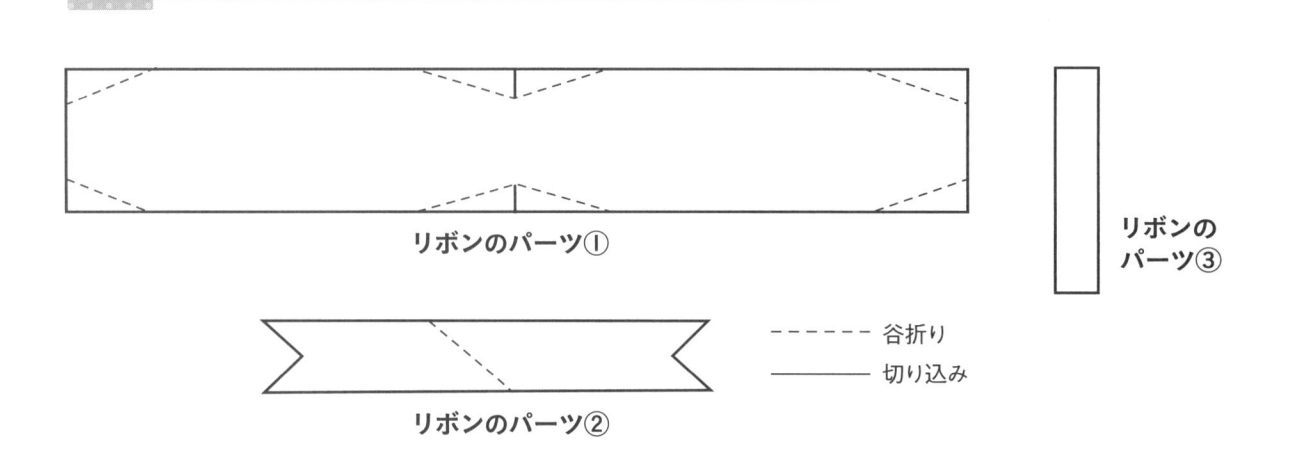

P.25 飾り方アイデア　リボンいっぱい 華やかクリスマス

リボンのパーツ①

リボンのパーツ③

リボンのパーツ②

- - - - - 谷折り
――― 切り込み

このメッセージが見えるまで開くときれいにコピーすることができます。

P.26 段ボール板の編み目模様ベル

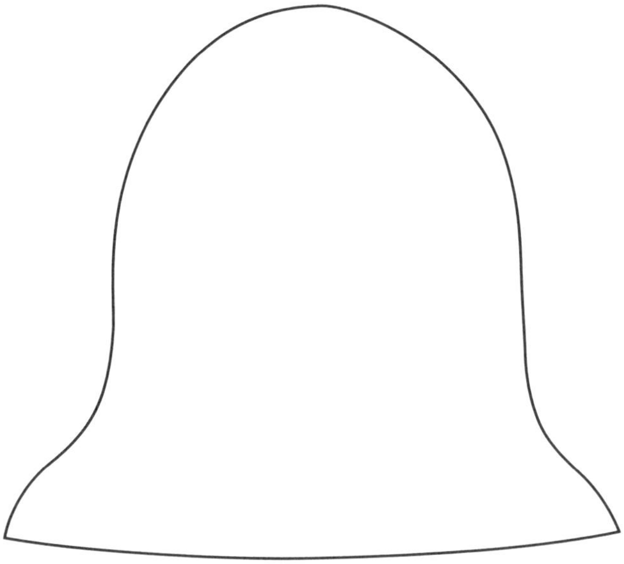

※目打ちで適当に穴を開けます。

P.27 ホワイトベル

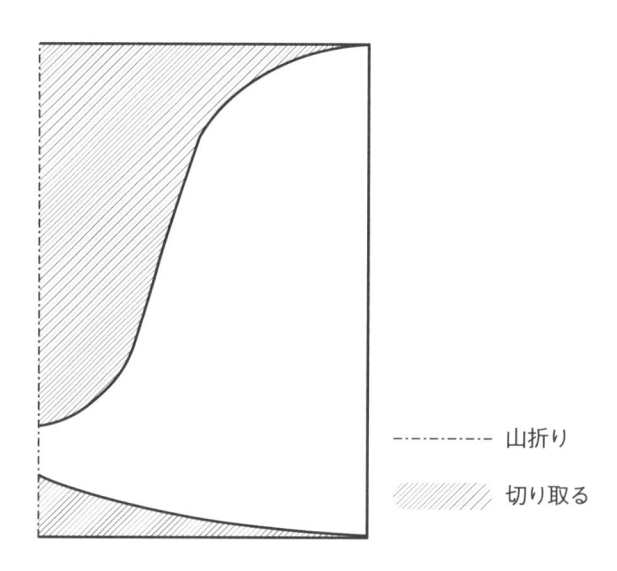

―・―・― 山折り
//// 切り取る

※白い紙をじゃばら折りにして切ってください。

P.27 ふんわり折り紙ベル

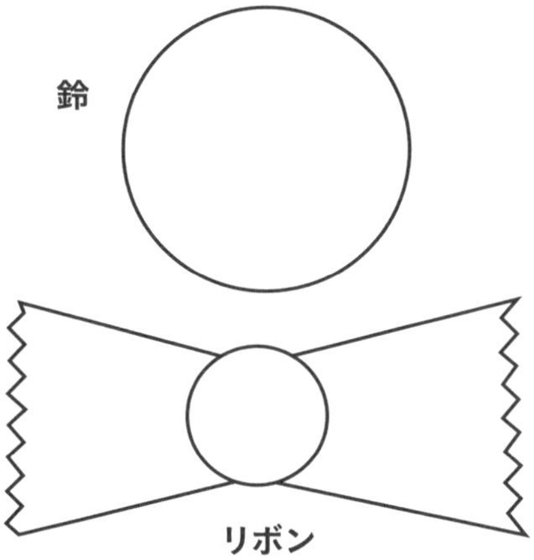

鈴

リボン

P.28 トイレットペーパー芯の天使

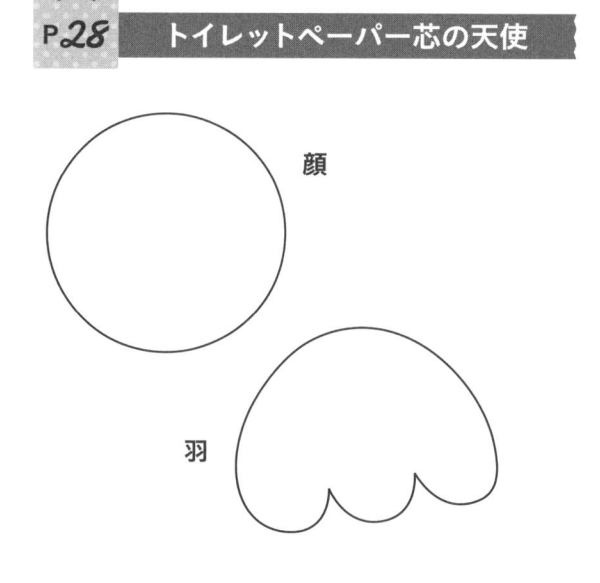

顔

羽

※反対側の羽は、反転コピーをしてください。

このメッセージが見えるまで開くときれいにコピーすることができます。

73

P.28 紙コップの両手を広げた天使

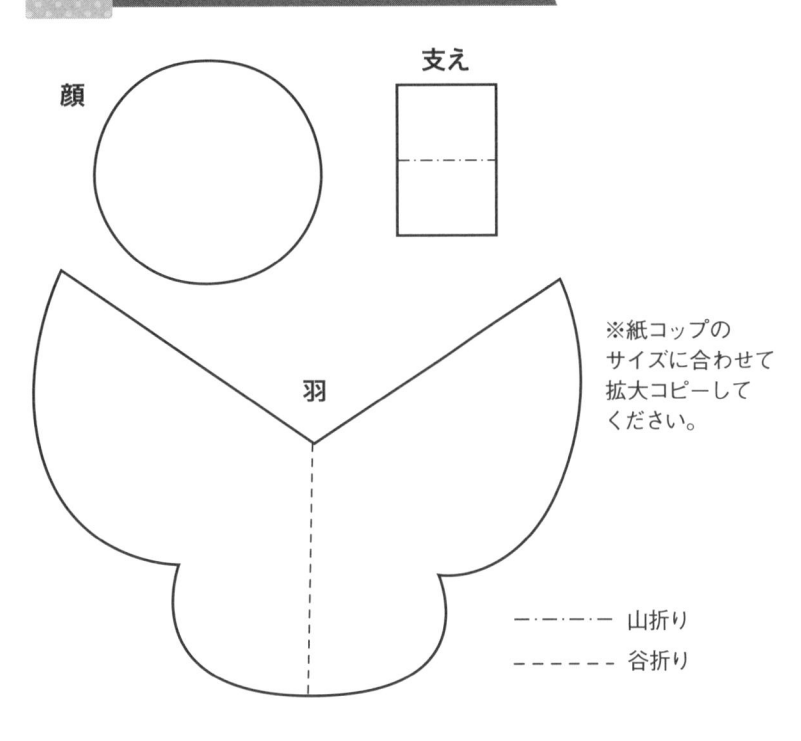

顔　支え

羽

※紙コップのサイズに合わせて拡大コピーしてください。

—・—・— 山折り
— — — 谷折り

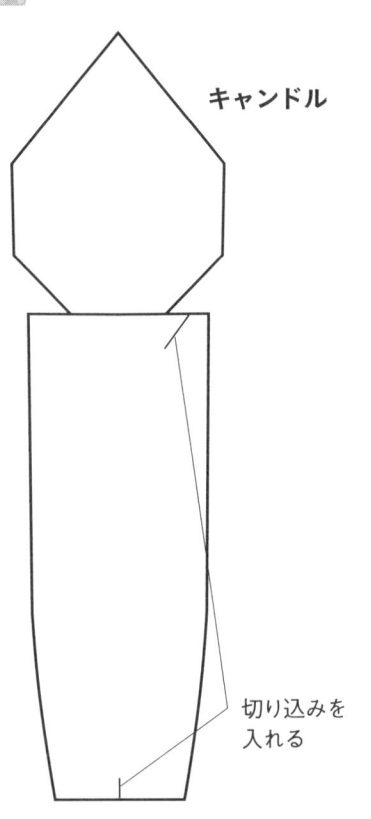

P.28 ラブリーエンジェル

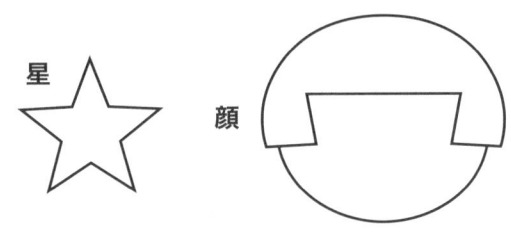

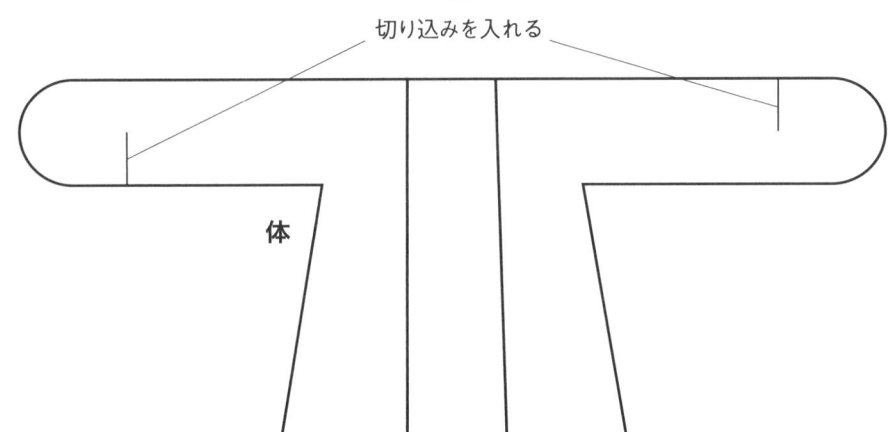

星　顔

切り込みを入れる

体

P.30 毛糸の巻き巻きキャンドル

キャンドル

切り込みを入れる

P.30 片段ボールのくるくるキャンドル

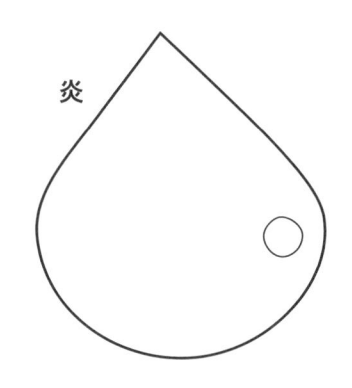

炎

※裏側の○印の部分に丸シールを貼ります。

このメッセージが見えるまで開くときれいにニヒーすることができます

P32~35 キラキラHAPPY！室内飾り

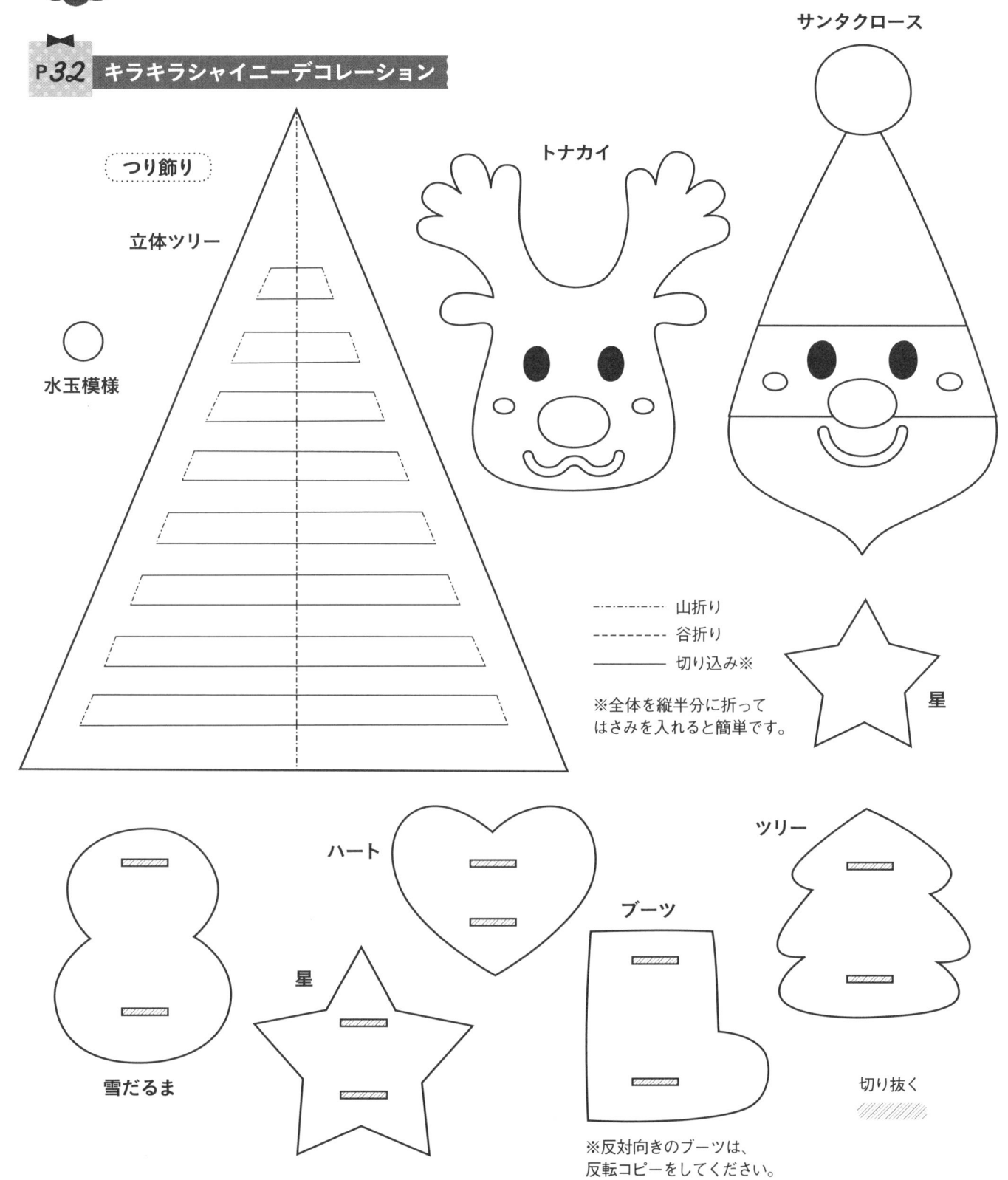

P32 キラキラシャイニーデコレーション

つり飾り

立体ツリー

水玉模様

サンタクロース

トナカイ

-·-·-·- 山折り
------- 谷折り
——— 切り込み※

※全体を縦半分に折って
はさみを入れると簡単です。

星

雪だるま

ハート

星

ブーツ

ツリー

切り抜く

※反対向きのブーツは、
反転コピーをしてください。

このメッセージが見えるまで開くときれいにコピーすることができます。

75

P33 ベルと天使のアーチ

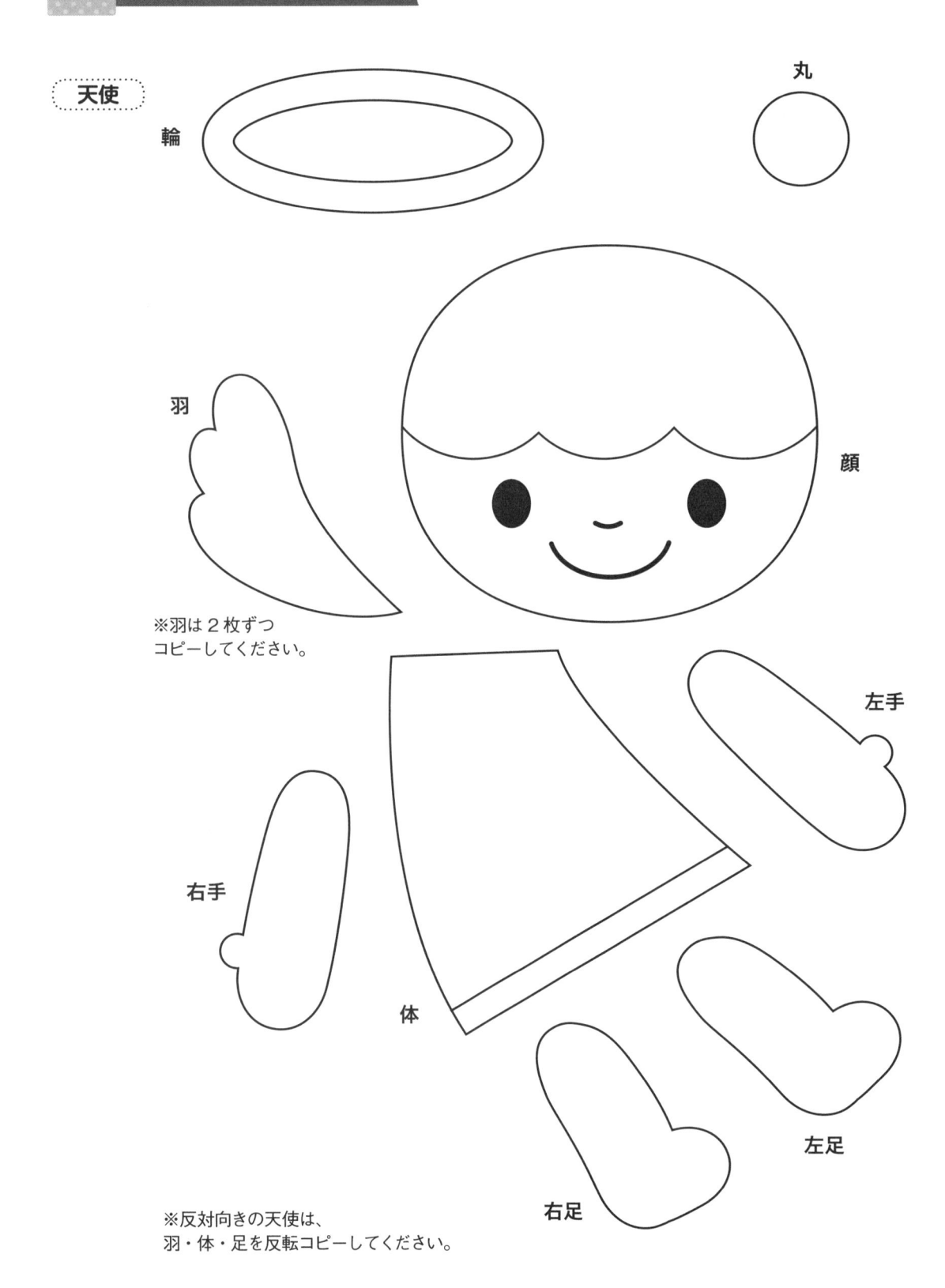

天使

輪

丸

羽

顔

※羽は2枚ずつ
コピーしてください。

左手

右手

体

右足

左足

※反対向きの天使は、
羽・体・足を反転コピーしてください。

このメッセージが見えるまで開くときれいにコピーすることができます

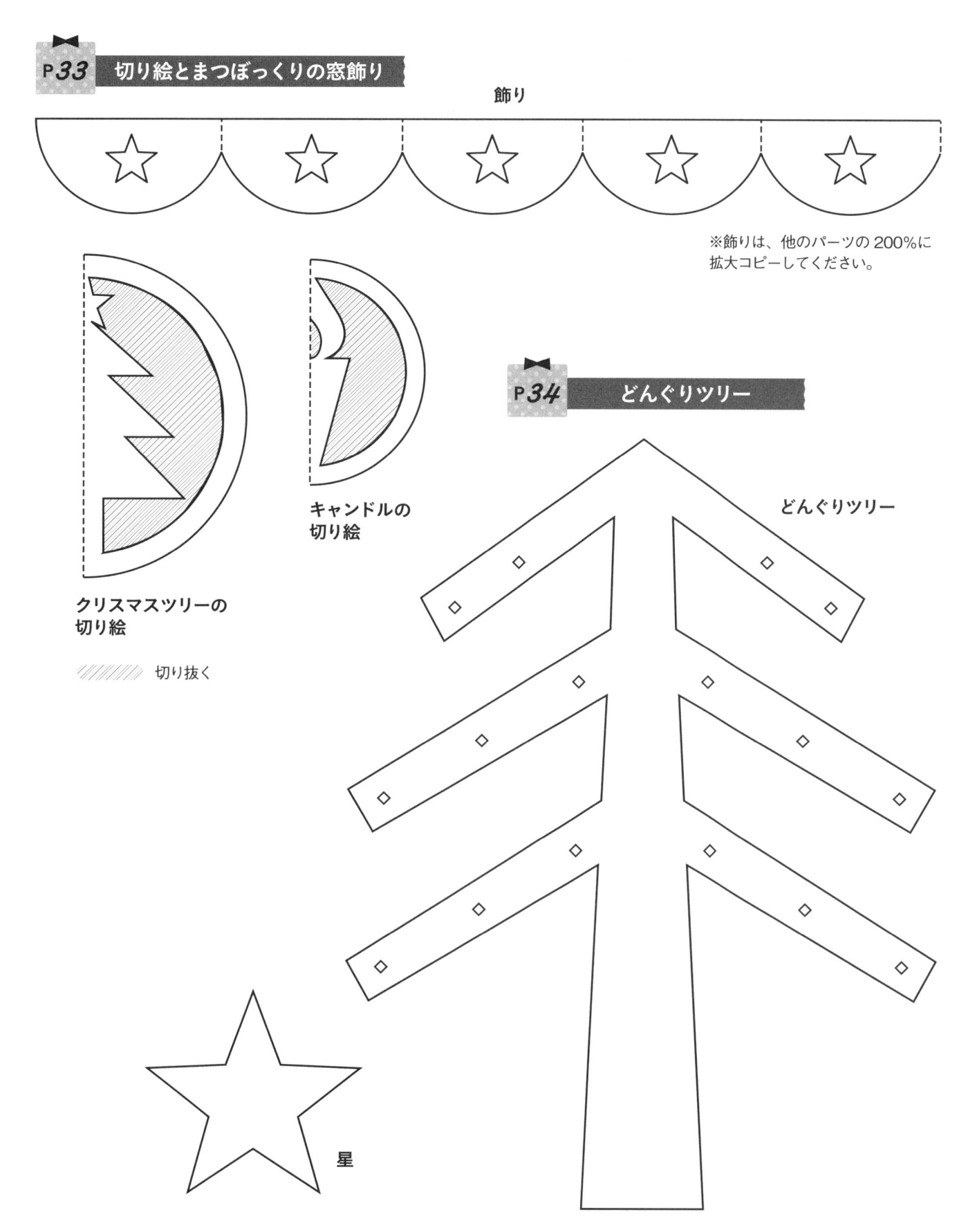

P33 切り絵とまつぼっくりの窓飾り

飾り

※飾りは、他のパーツの200%に拡大コピーしてください。

クリスマスツリーの切り絵

キャンドルの切り絵

////// 切り抜く

P34 どんぐりツリー

どんぐりツリー

星

このメッセージが見えるまで開くときれいにコピーすることができます。

P35 雪降る街並み

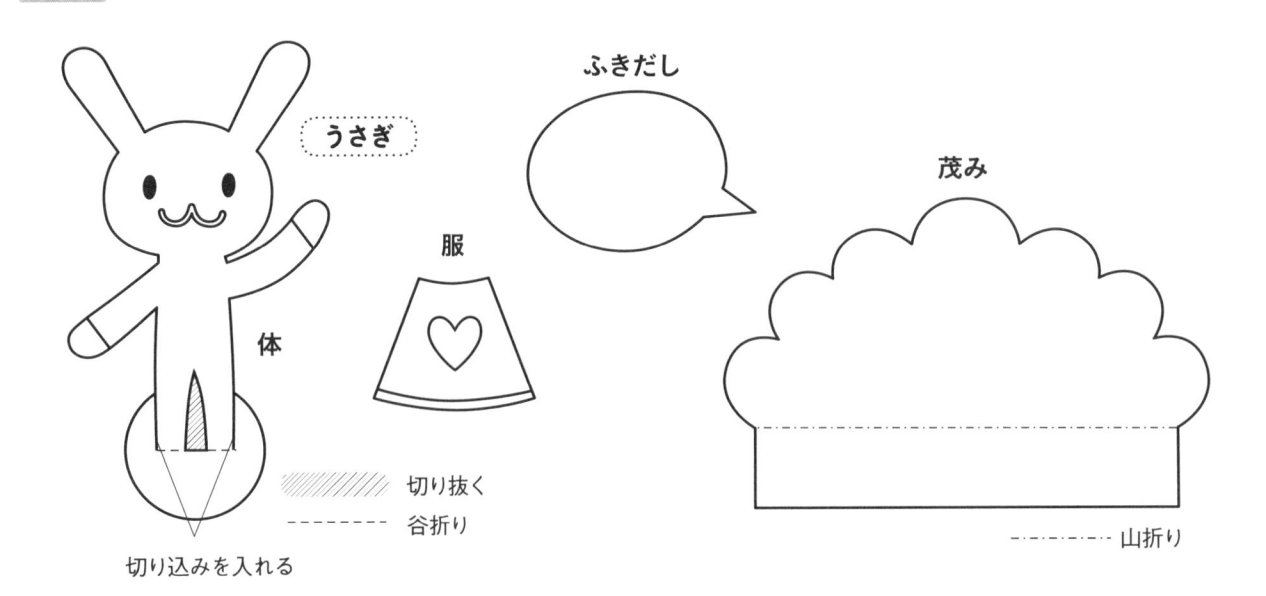

- うさぎ
- 体
- 服
- ふきだし
- 茂み
- 切り抜く
- 谷折り
- 切り込みを入れる
- 山折り

P35 聖なる夜のサンタさん

※サンタクロース、ツリーは、400％に拡大コピーすると、ちょうどよい大きさになります。

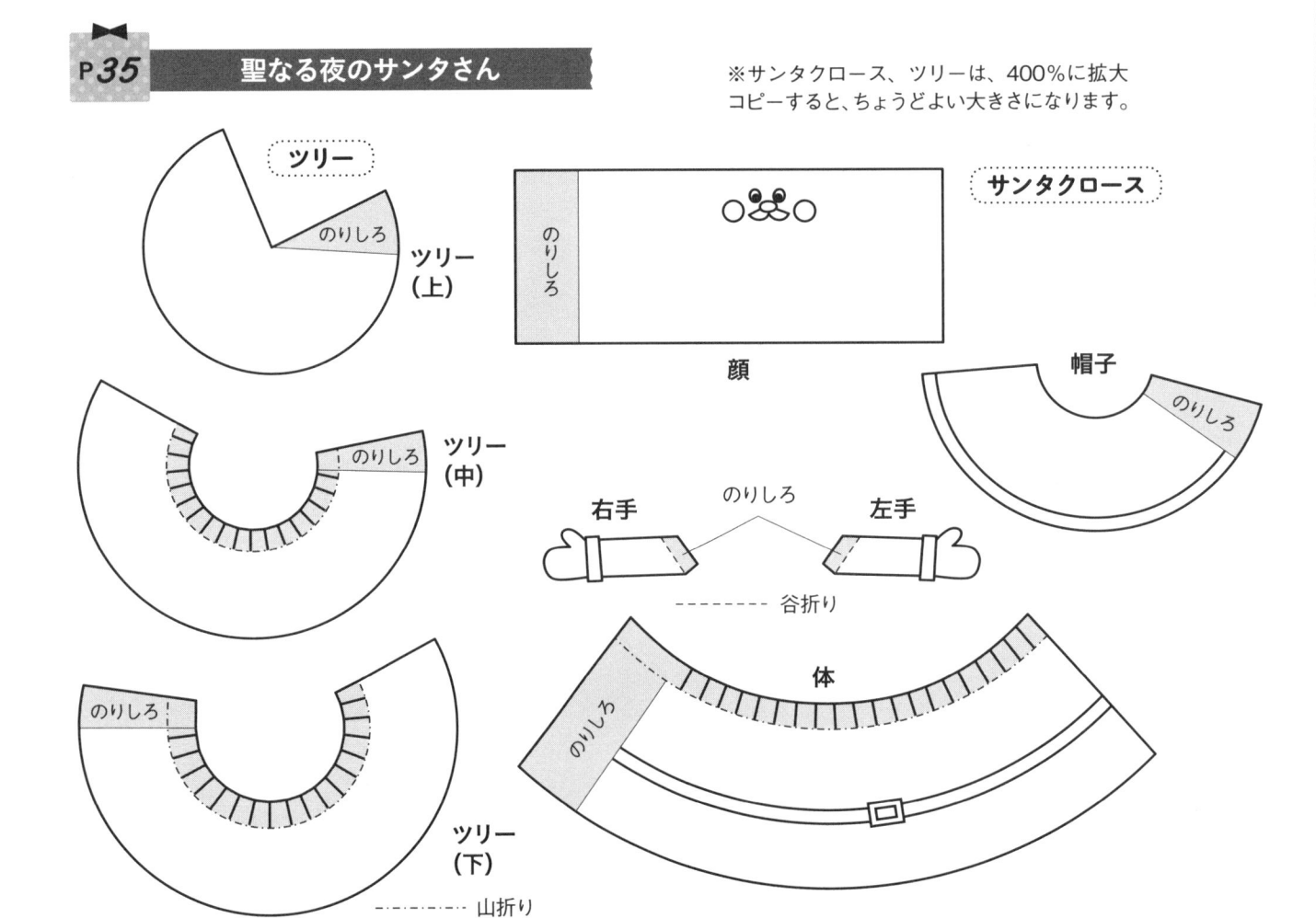

- ツリー（上）
- のりしろ
- サンタクロース
- 顔
- 帽子
- ツリー（中）
- 右手
- 左手
- 谷折り
- 体
- ツリー（下）
- 山折り

このメッセージが見えるまで開くときれいにニヒーすることができてきます

P36~43 もうすぐだね！ ワクワク♪ クリスマス壁面

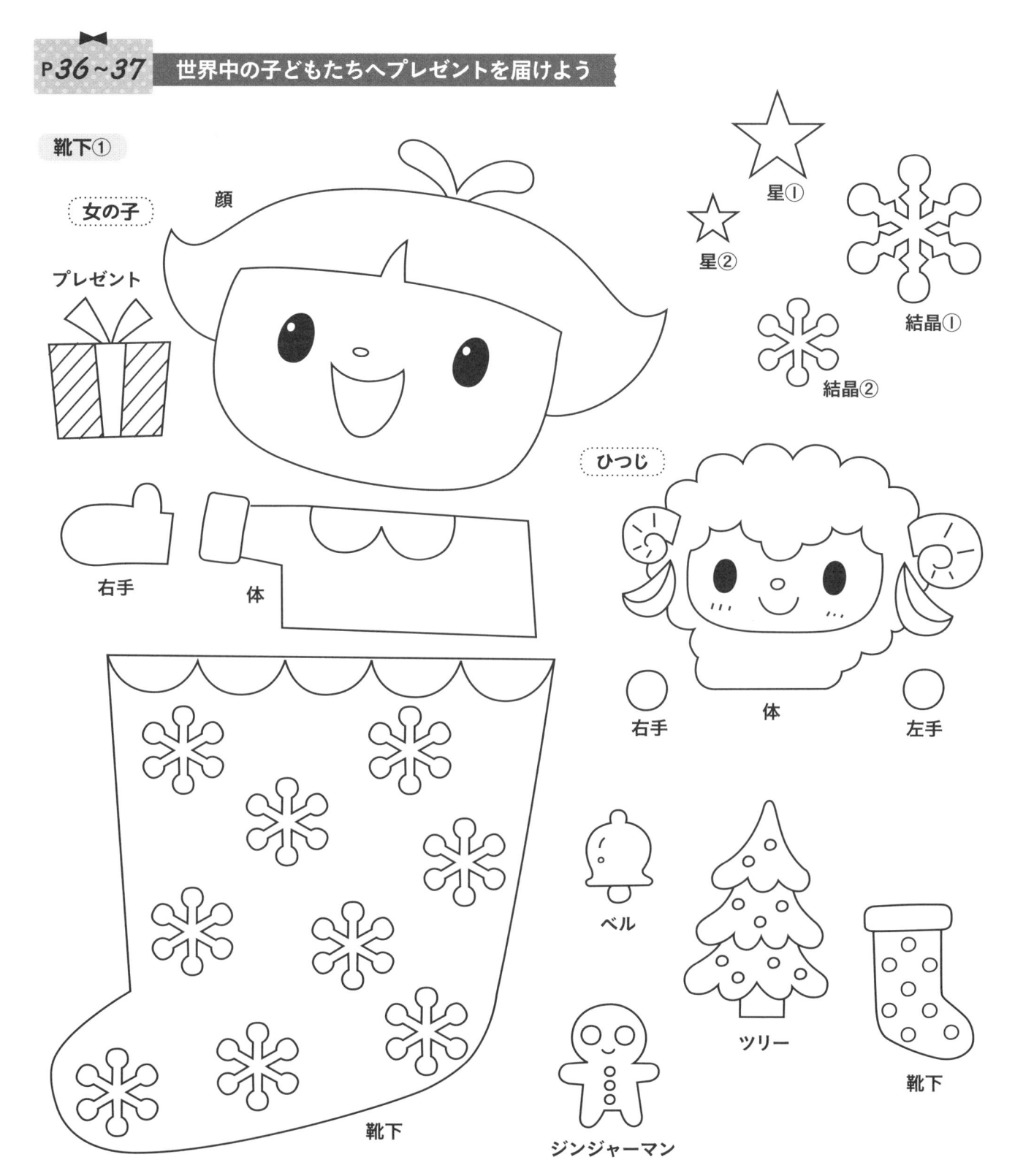

P36~37 世界中の子どもたちへプレゼントを届けよう

靴下①

女の子
- プレゼント
- 顔
- 右手
- 体
- 靴下

星①
星②
結晶①
結晶②

ひつじ
- 右手
- 体
- 左手

ベル
ツリー
ジンジャーマン
靴下

このメッセージが見えるまで開くときれいにコピーするコツです。

P36~37 世界中の子どもたちへプレゼントを届けよう

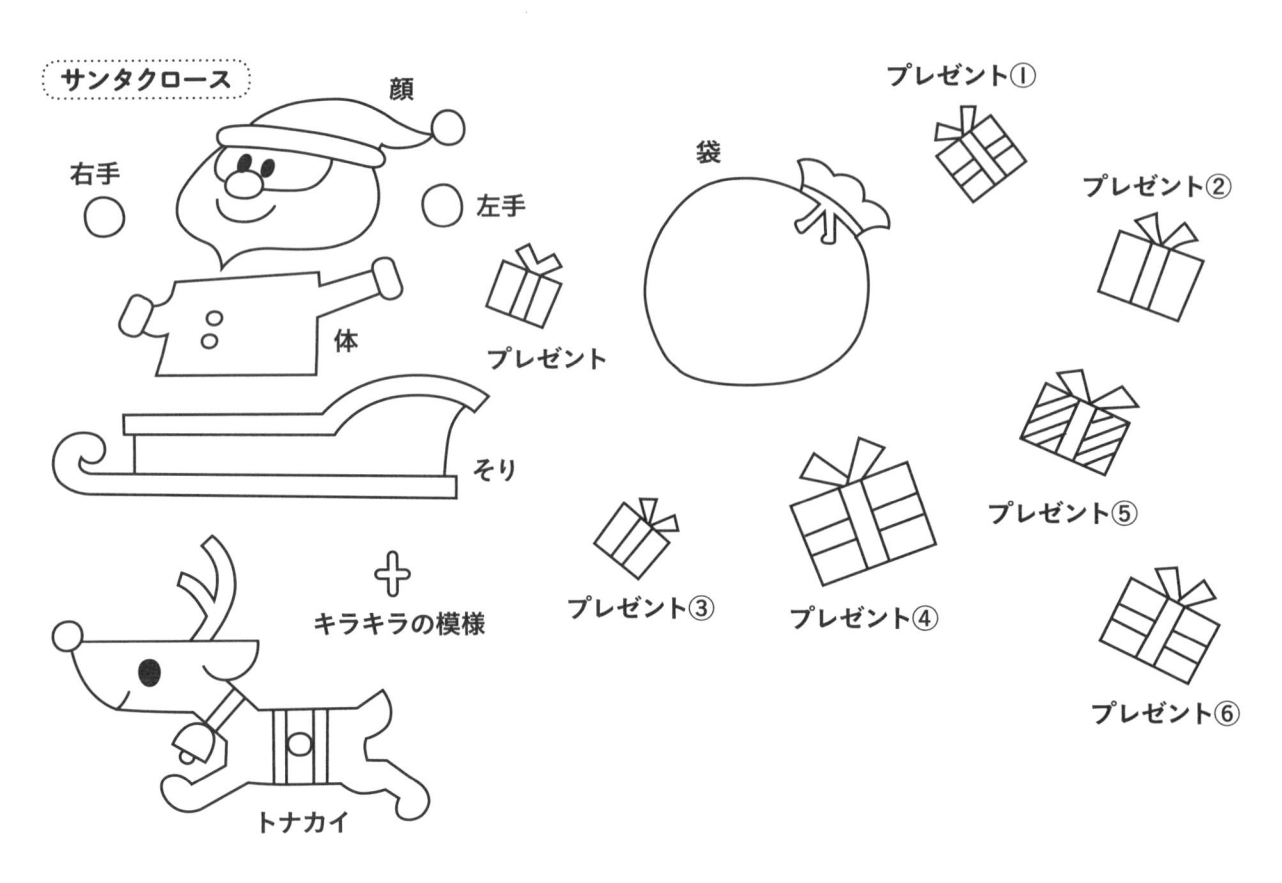

サンタクロース
- 右手
- 顔
- 左手
- 体
- そり
- プレゼント
- 袋
- プレゼント①
- プレゼント②
- プレゼント③
- プレゼント④
- プレゼント⑤
- プレゼント⑥

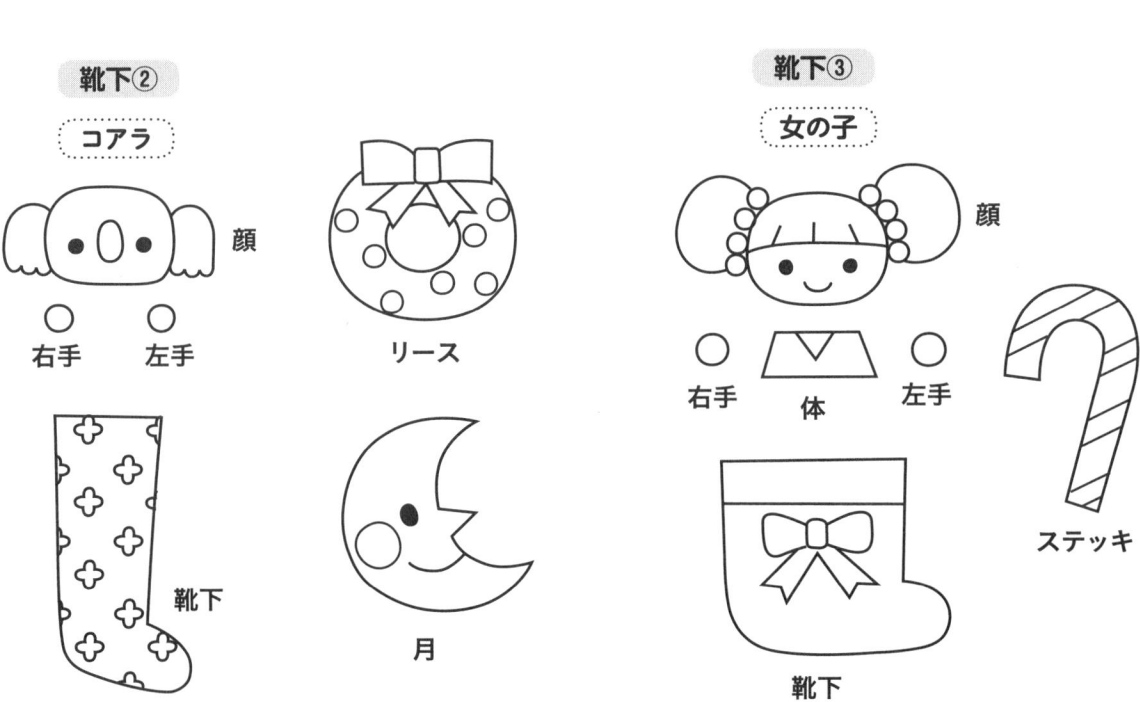

キラキラの模様

トナカイ

靴下②
コアラ
- 顔
- 右手
- 左手
- リース
- 靴下
- 月

靴下③
女の子
- 顔
- 右手
- 体
- 左手
- 靴下
- ステッキ

このメッセージが見えるまで開くときれいにヒューすることが……

80

靴下④

男の子
- 顔
- 右手
- 体
- 左手

ゾウ
- 鼻先
- 体
- 右手
- 左手

- プレゼント
- 靴下

靴下⑤

女の子
- 顔
- 体
- プレゼント
- 靴下

靴下⑥

男の子
- 顔
- 右手
- 体
- プレゼント
- 靴下

このメッセージが見えるまで開くときれいにコピーすることができます。

P38~39 サンタさんがやって来た！

トナカイ
- 前足
- 尾
- 体
- 後ろ足

サンタクロース
- 顔
- 右手
- 体
- 左手

プレゼント①
プレゼント②
プレゼント③
袋
プレゼント④
プレゼント⑤

星①
星②
丸

そり①
そり②

女の子
- 顔
- マフラー
- 体
- 右手
- 左手
- 右足
- 左足

男の子②
- 顔
- マフラー
- 体
- 右手
- 左手
- 右足
- 左足

男の子①
- 顔
- マフラー
- 体
- 右手
- 左手
- 右足
- 左足

木
地面

このメッセージが見えるまで開くときれいにコヒーすることができます

※地面と木は、他のパーツの200%に拡大してください。

P40 うれしいな♪ 大きなクリスマスケーキ

ケーキ
ひいらぎ
いちご
クラッカー

くま
帽子
顔
右手
体
左手
右足
左足

----- 谷折り

光
四角

ひよこ②
帽子
顔
右手
体
左手

りす
帽子
顔
尾
右手
体
左手
右足
左足

ひよこ①
帽子
顔
右手
体
左手
右足
左足
プレゼント

このメッセージが見えるまで開くときれいにコピーすることができます。

83

P41 ツリーを飾ろう

帽子
ねずみ
顔
持っている飾り
右手
尾
右足
体
左足
窓枠
雪だるま
縦の枠
はしご
飾り②
飾り①
星①
星②
うさぎ
顔
星
飾り③
右手
左手
体
右足
左足
持っている飾り
ツリー
帽子
くま
顔
顔
ひよこ
帽子
星
右手
左手
左手
体
体
右足
右足
左足
左足
プレゼント①
プレゼント②
プレゼント③

P42~43　おしゃれな聖歌隊

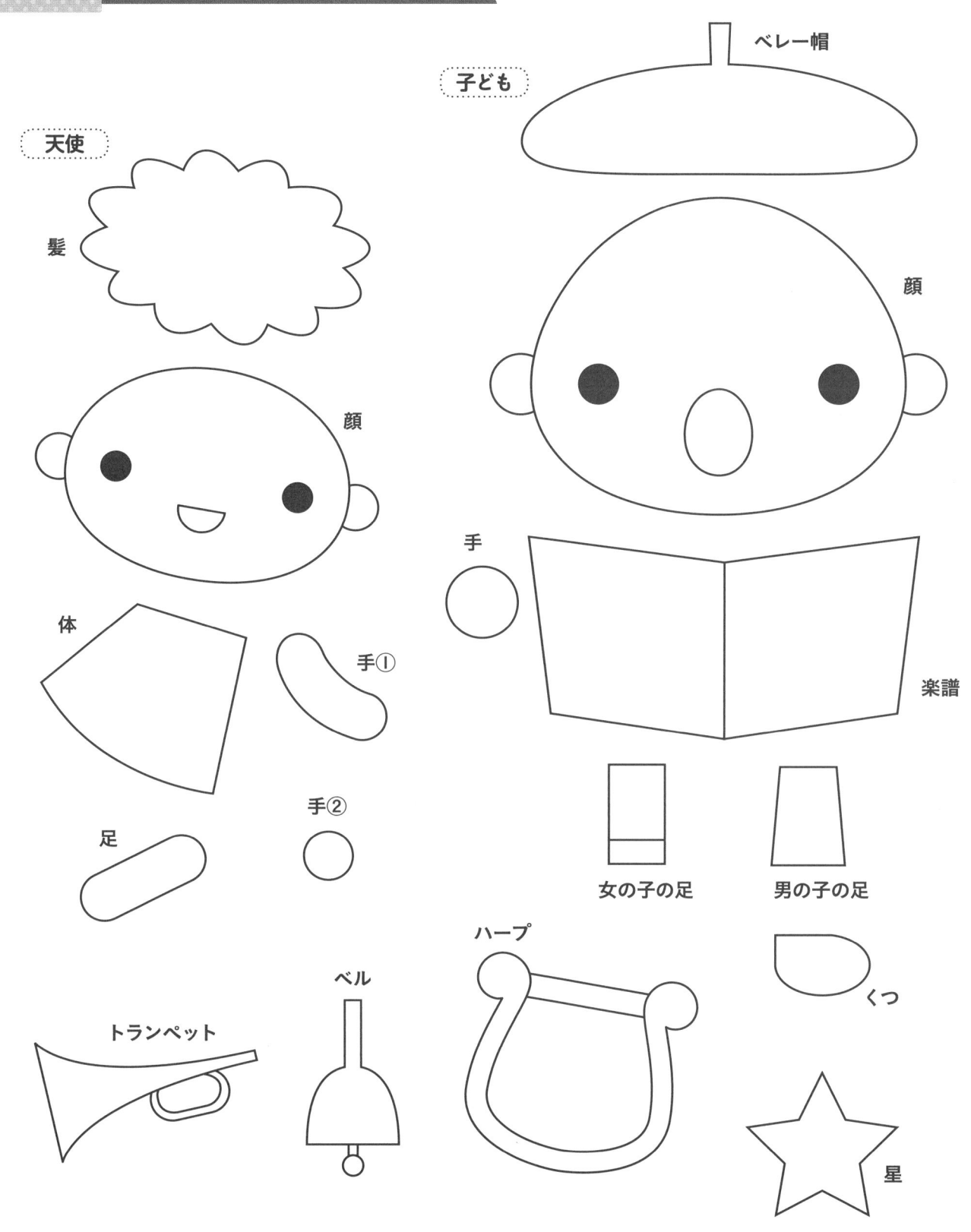

天使
- 髪
- 顔
- 体
- 手①
- 手②
- 足

子ども
- ベレー帽
- 顔
- 手
- 楽譜
- 女の子の足
- 男の子の足
- くつ

- トランペット
- ベル
- ハープ
- 星

このメッセージが見えるまで開くときれいにコピーすることができます。

※くつや手足は、必要に応じた数、コピーと反転コピーをしてください。

P42～43 今夜はクリスマスパーティー

いぬ
帽子
クラッカー
コップ
コップの中身
クラッカー
ぶた
帽子
顔
左手
右手
小皿
顔
右手
体
体
左手
※うさぎ、ぶた、いぬの小皿・コップは共通です。

ツリー

ボトル

うさぎ
帽子
顔
右手
左手
体

ごちそう①

りんご

皿
ケーキ

このメッセージが見えるまで開くときれいにコピーすることができます

ごちそう②

チキンの皿

※チキンの付け合わせは、お花紙や折り紙などで形作ります。

持ち手

チキン

脚

本体

※脚と持ち手は2枚ずつコピーしてください。

ごちそう③

お菓子の皿

ジンジャーマン

※ドーナツやカップケーキは、トレーシングペーパーや包装紙などで形作ります。

テーブル

※テーブルは、他のパーツの、200％に拡大コピーをしてください。

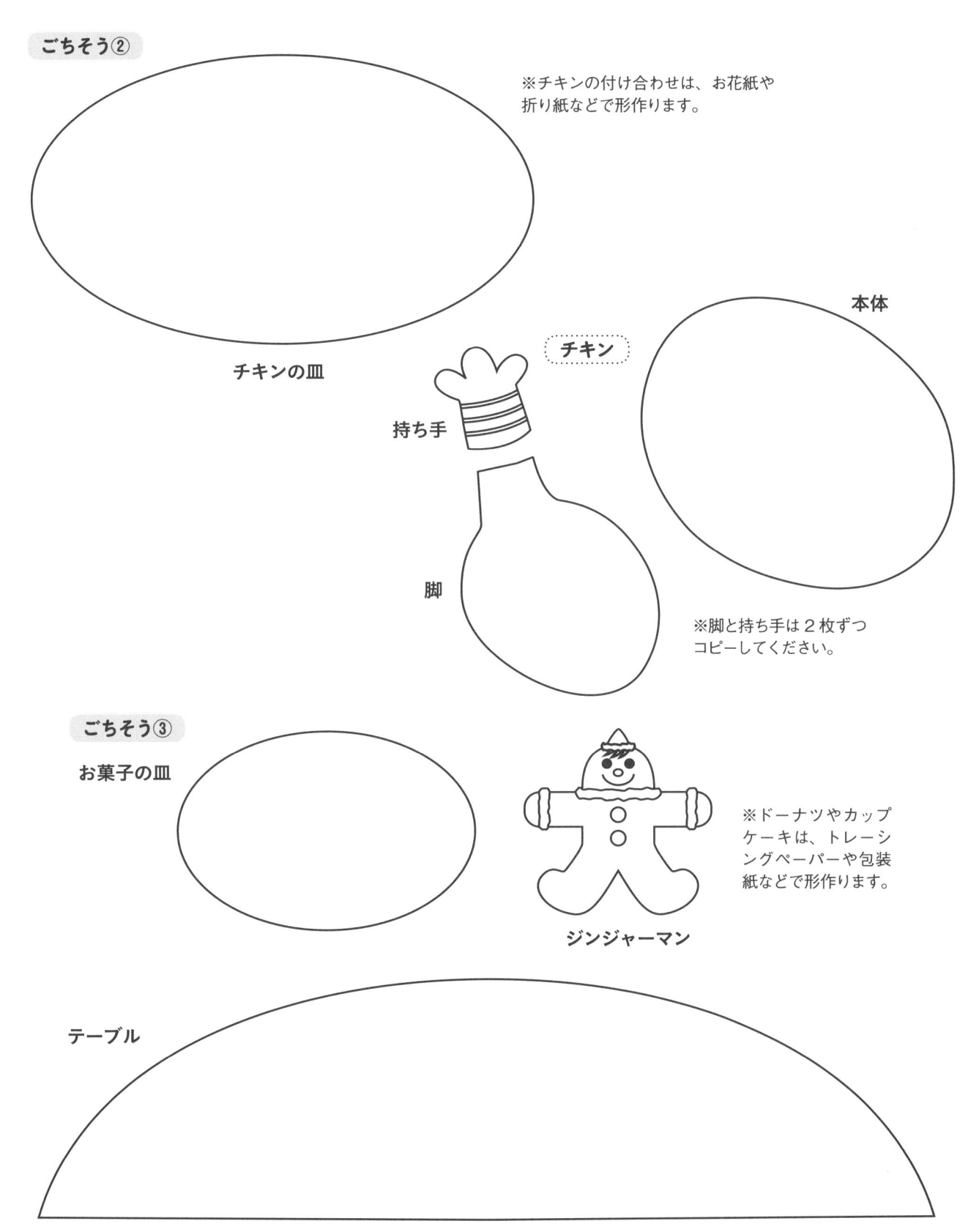

P44~59 年齢別 かんたん クリスマスシアター

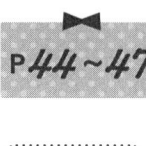

P44~47 トナカイのサンタさん

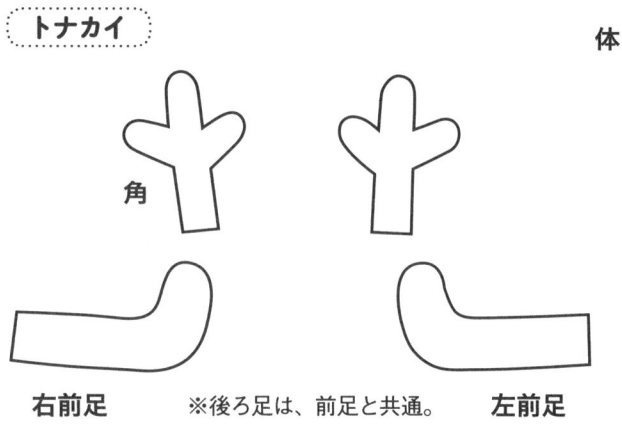

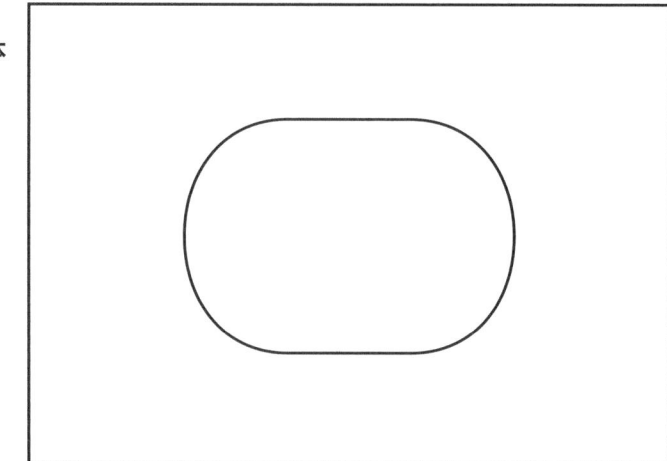

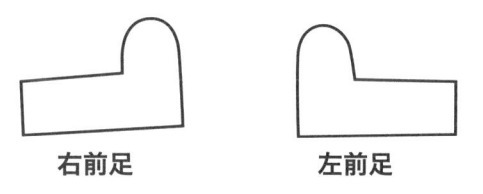

トナカイ

角　右前足　※後ろ足は、前足と共通。　左前足

体

トナカイのサンタ

右前足　左前足

※後ろ足は、前足と共通。

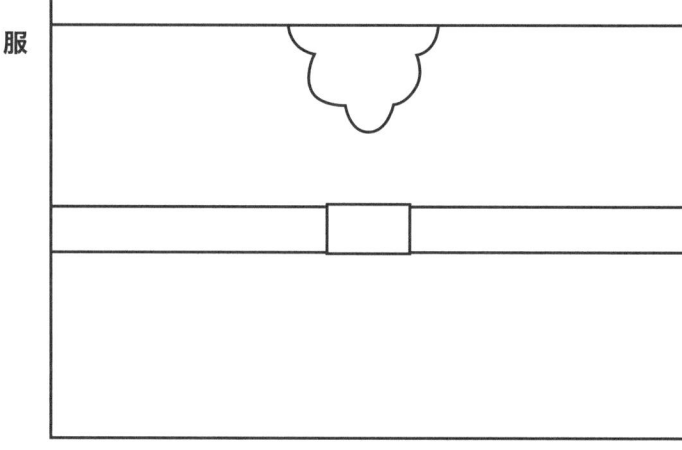

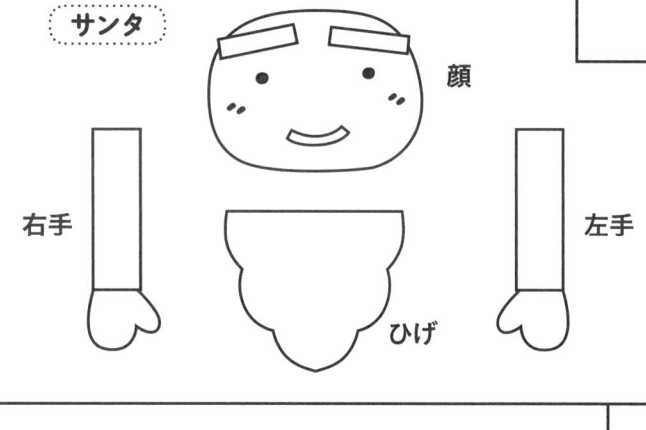

服

サンタ

顔　右手　ひげ　左手　右足　左足

ベルト

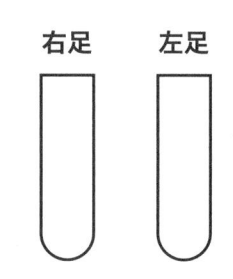

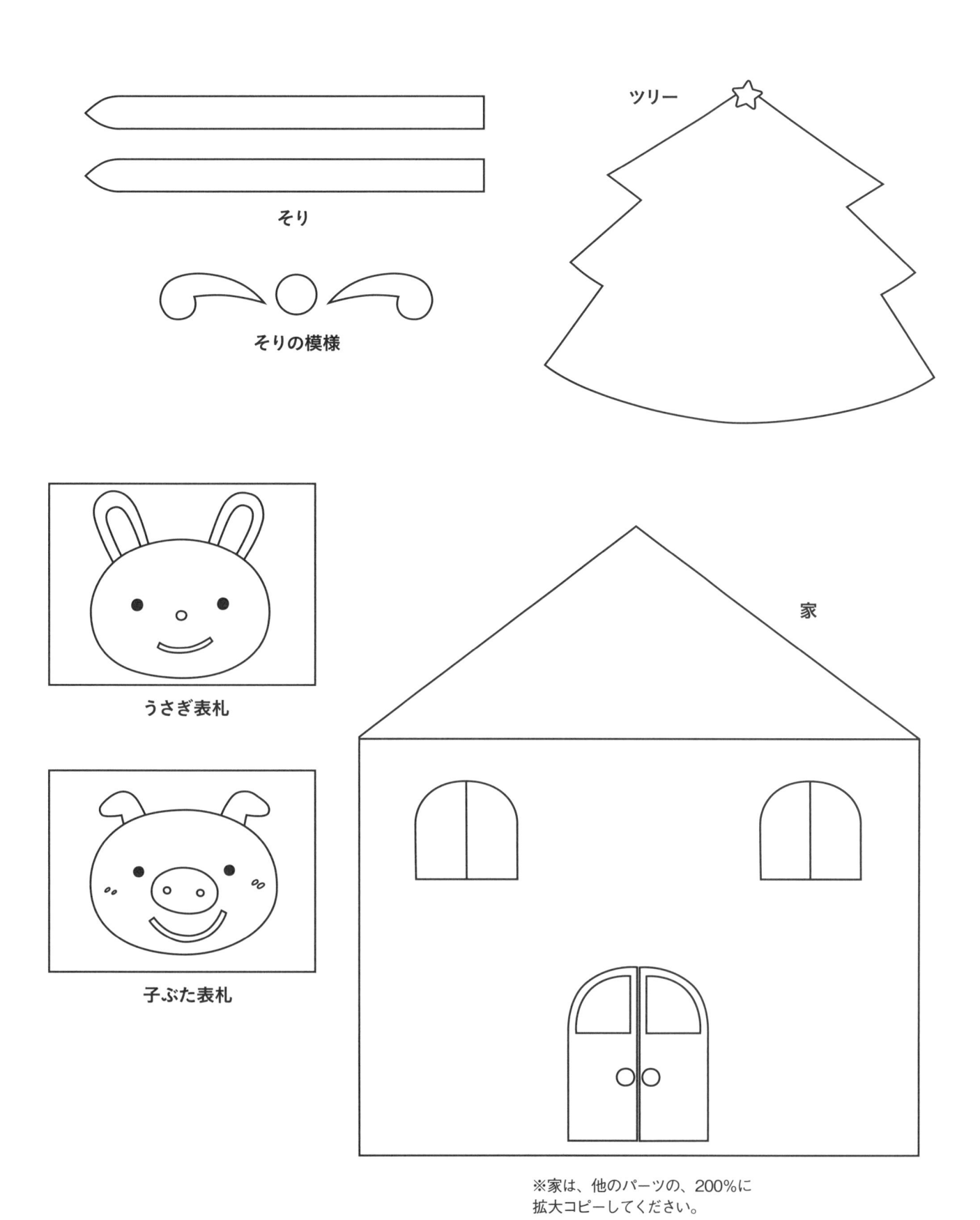

そり

そりの模様

ツリー

うさぎ表札

子ぶた表札

家

※家は、他のパーツの、200％に拡大コピーしてください。

このメッセージが見えるまで開くときれいにコピーすることができます。

89

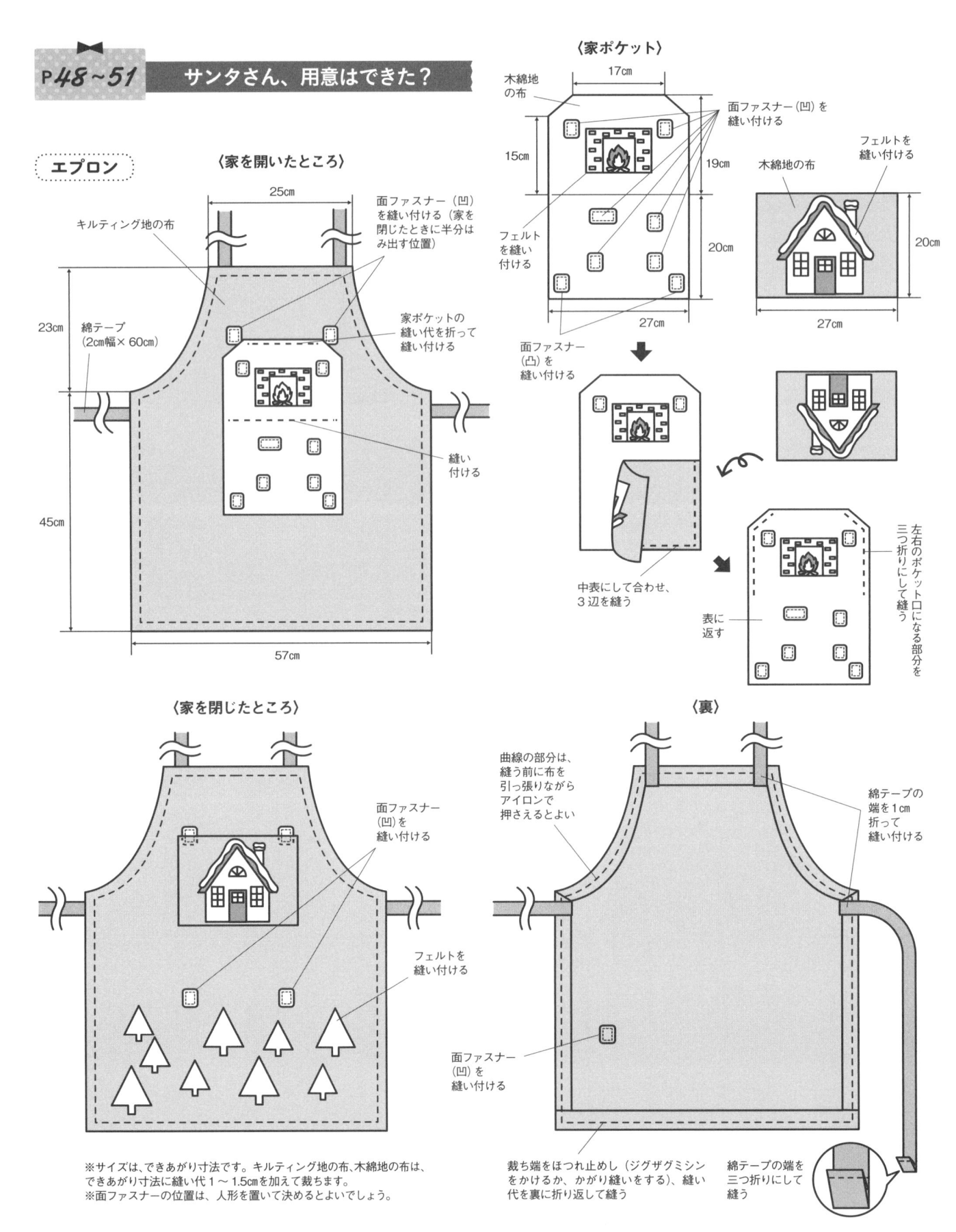

P48～51　サンタさん、用意はできた？

〈エプロン〉

〈家を開いたところ〉

- キルティング地の布
- 25cm
- 面ファスナー（凹）を縫い付ける（家を閉じたときに半分はみ出す位置）
- 23cm
- 綿テープ（2cm幅×60cm）
- 家ポケットの縫い代を折って縫い付ける
- 縫い付ける
- 45cm
- 57cm

〈家ポケット〉

- 木綿地の布
- 17cm
- 15cm
- 面ファスナー（凹）を縫い付ける
- 19cm
- フェルトを縫い付ける
- 20cm
- 木綿地の布
- 27cm
- 27cm
- 20cm
- 面ファスナー（凸）を縫い付ける
- 中表にして合わせ、3辺を縫う
- 表に返す
- 左右のポケット口になる部分を三つ折りにして縫う

〈家を閉じたところ〉

- 面ファスナー（凹）を縫い付ける
- フェルトを縫い付ける

〈裏〉

- 曲線の部分は、縫う前に布を引っ張りながらアイロンで押さえるとよい
- 綿テープの端を1cm折って縫い付ける
- 面ファスナー（凹）を縫い付ける
- 裁ち端をほつれ止め（ジグザグミシンをかけるか、かがり縫いをする）、縫い代を裏に折り返して縫う
- 綿テープの端を三つ折りにして縫う

※サイズは、できあがり寸法です。キルティング地の布、木綿地の布は、できあがり寸法に縫い代1～1.5cmを加えて裁ちます。
※面ファスナーの位置は、人形を置いて決めるとよいでしょう。

このメッセージが見えるまで開くときれいにニヒヒすることができます

サンタ

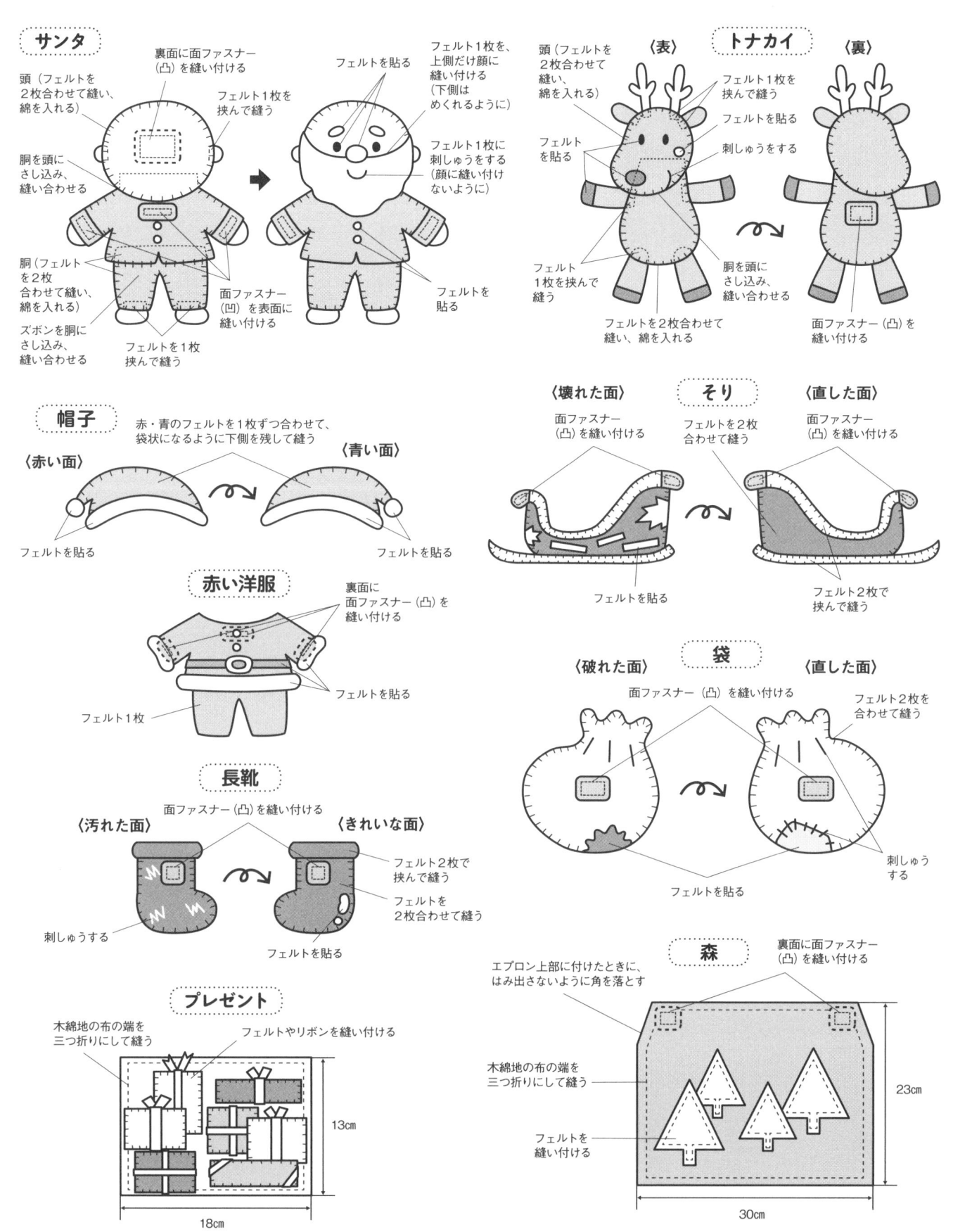

- 頭（フェルトを2枚合わせて縫い、綿を入れる）
- 裏面に面ファスナー（凸）を縫い付ける
- フェルト1枚を挟んで縫う
- フェルトを貼る
- フェルト1枚を、上側だけ顔に縫い付ける（下側はめくれるように）
- 胴を頭にさし込み、縫い合わせる
- フェルト1枚に刺しゅうをする（顔に縫い付けないように）
- 胴（フェルトを2枚合わせて縫い、綿を入れる）
- 面ファスナー（凹）を表面に縫い付ける
- ズボンを胴にさし込み、縫い合わせる
- フェルトを1枚挟んで縫う
- フェルトを貼る

トナカイ

〈表〉 〈裏〉

- 頭（フェルトを2枚合わせて縫い、綿を入れる）
- フェルト1枚を挟んで縫う
- フェルトを貼る
- 刺しゅうをする
- フェルト1枚を挟んで縫う
- 胴を頭にさし込み、縫い合わせる
- フェルトを2枚合わせて縫い、綿を入れる
- 面ファスナー（凸）を縫い付ける

帽子

〈赤い面〉 〈青い面〉

- 赤・青のフェルトを1枚ずつ合わせて、袋状になるように下側を残して縫う
- フェルトを貼る

そり

〈壊れた面〉 〈直した面〉

- 面ファスナー（凸）を縫い付ける
- フェルトを2枚合わせて縫う
- フェルトを貼る
- フェルト2枚で挟んで縫う

赤い洋服

- 裏面に面ファスナー（凸）を縫い付ける
- フェルトを貼る
- フェルト1枚

袋

〈破れた面〉 〈直した面〉

- 面ファスナー（凸）を縫い付ける
- フェルト2枚を合わせて縫う
- フェルトを貼る
- 刺しゅうする

長靴

〈汚れた面〉 〈きれいな面〉

- 面ファスナー（凸）を縫い付ける
- フェルト2枚で挟んで縫う
- フェルトを2枚合わせて縫う
- フェルトを貼る
- 刺しゅうする

プレゼント

- 木綿地の布の端を三つ折りにして縫う
- フェルトやリボンを縫い付ける
- 18cm × 13cm

森

- エプロン上部に付けたときに、はみ出さないように角を落とす
- 裏面に面ファスナー（凸）を縫い付ける
- 木綿地の布の端を三つ折りにして縫う
- フェルトを縫い付ける
- 30cm × 23cm

※特に記載のない場合、木工用接着剤を使用して貼ってください。

このメッセージが見えるまで開くときれいにコピーすることができます。

P48〜51 サンタさん、用意はできた？

エプロンのできあがり寸法

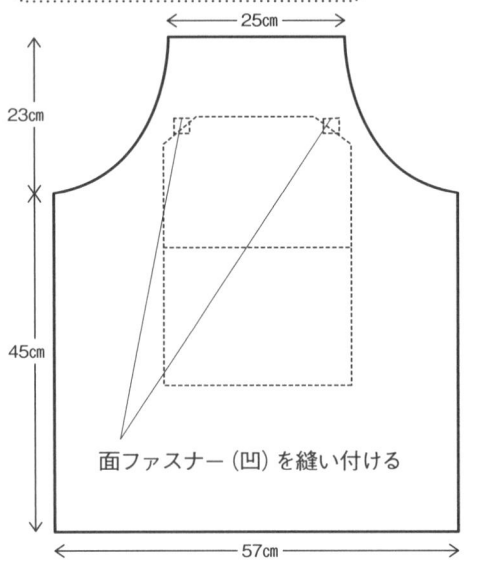

- 25cm
- 23cm
- 45cm
- 57cm

面ファスナー（凹）を縫い付ける

※エプロンは、縫い代1〜1.5cmを加えて裁ちます。
裾側に縫い付ける木は、森と共通です。

森

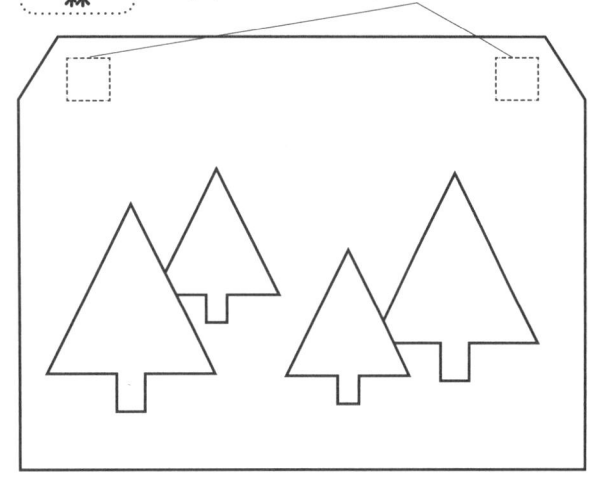

〈裏〉面ファスナー（凸）の位置

※森は、400％に拡大コピーをしてください。

プレゼント

※プレゼントは、400％に拡大コピーをしてください。

サンタの家

※サンタの家は、400％に拡大コピーをしてください。

家の中

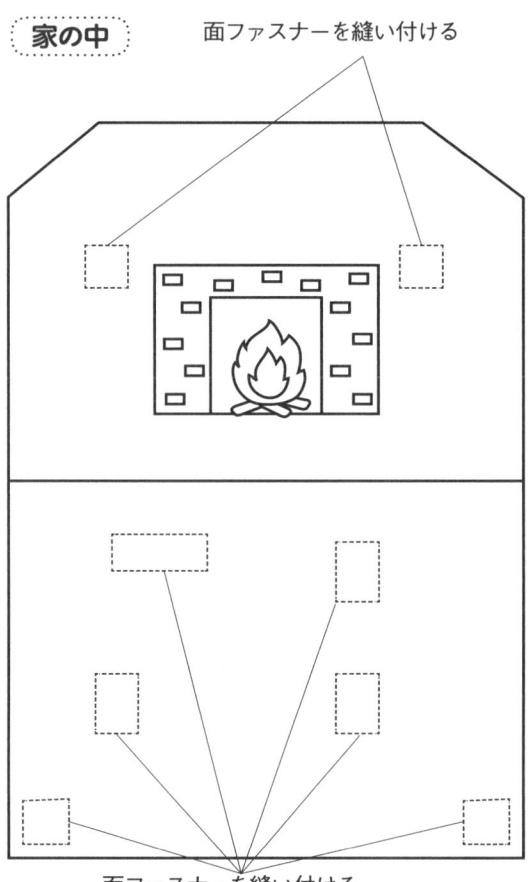

面ファスナーを縫い付ける

面ファスナーを縫い付ける

※家の中は、400％に拡大コピーをしてください。

このメッセージが見えるまで開くときれいにニヒーすることができて

トナカイ
頭
右手　左手
胴
右足　左足

※トナカイは、300％に拡大コピーをしてください。頭と胴は2枚裁ちます。

帽子

赤い洋服

長靴
汚れた面　きれいな面

※反対側の帽子、長靴は、反転コピーをしてください。

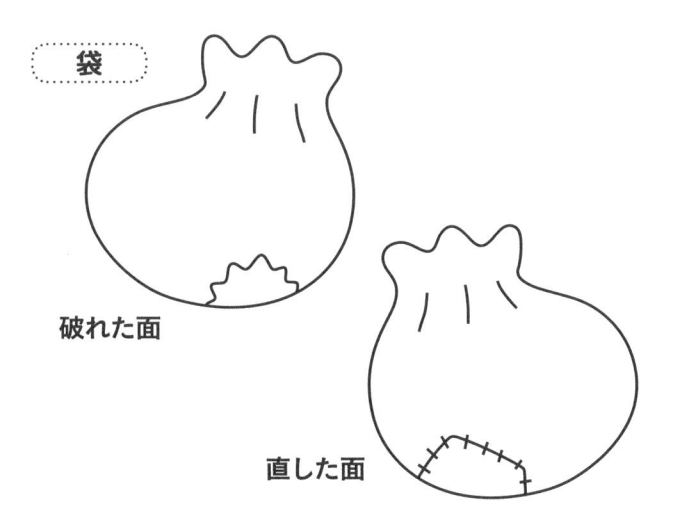

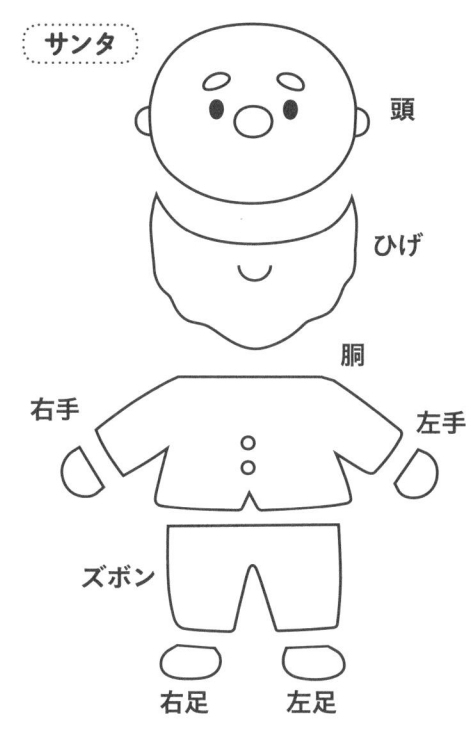

サンタ
頭
ひげ
胴
右手　左手
ズボン
右足　左足

※サンタは、頭と胴を2枚裁ちます。
※サンタ・帽子・長靴・袋は、300％に拡大コピーをしてください。

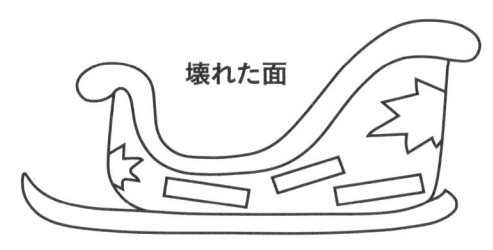

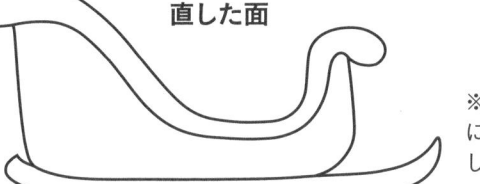

そり
壊れた面
直した面

※そりは、300％に拡大コピーをしてください。

P52〜53　不思議なクリスマスベル

袋
破れた面
直した面

サンタさん
谷折り

このメッセージが見えるまで開くときれい〜ここでコピーすることがおすすめ。

93

P54~55　スノーサンタ

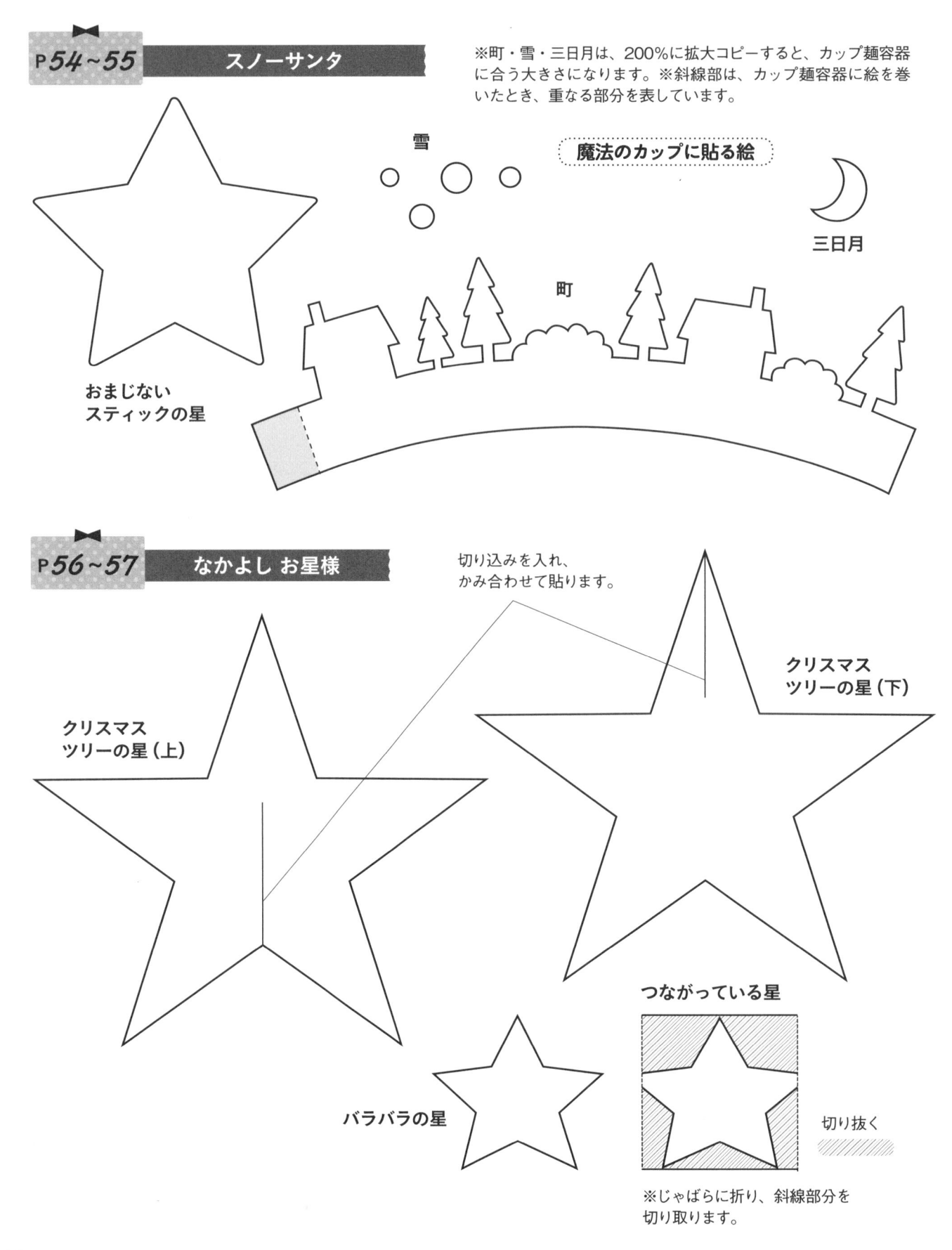

※町・雪・三日月は、200%に拡大コピーすると、カップ麺容器に合う大きさになります。※斜線部は、カップ麺容器に絵を巻いたとき、重なる部分を表しています。

魔法のカップに貼る絵

雪

三日月

町

おまじないスティックの星

P56~57　なかよし お星様

切り込みを入れ、かみ合わせて貼ります。

クリスマスツリーの星（上）

クリスマスツリーの星（下）

バラバラの星

つながっている星

切り抜く

※じゃばらに折り、斜線部分を切り取ります。

このメッセージが見えるまで開くときれいにニピーすることができます。

P58~59　びっくりクリスマス

文字

メリークリスマス！

※文字は、400%に拡大コピーをしてください。

かえる

※かえるは、200%に拡大コピーをしてください。

ケーキ

メリークリスマス

※ケーキは、320%に拡大コピーをするとA3の用紙に収まります。
大きく見せたい場合は、さらに拡大してください。

星

※星は、自由に縮小・拡大コピーをしてください。

リボン

※リボンは、箱の大きさに合わせて拡大コピーをしてください。

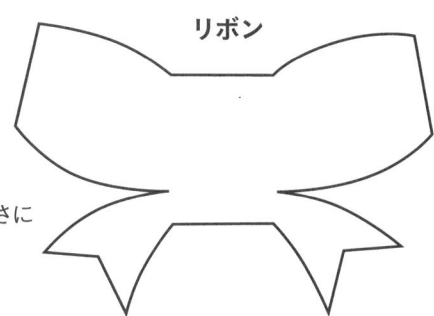

☆ 案・製作 (50音順に記載)

あかまあきこ、あさいかなえ、いしかわ☆まりこ、うえはらかずよ、大友 剛、おのうえ稔、上島佳代子、くまがいゆか、黒木美里、小林一夫、佐々木 伸、さとうゆか、新宮文明、菅原英基、すぎやままさこ、*すまいるママ*、たちのけいこ、立花愛子、俵 裕子、中島 進、中谷真弓、梨本竜子、西田良子、ひやまゆみ、ピンクパールプランニング、まーぶる、町田里美、マメリツコ、みさきゆい、みつき、山下きみよ、山下味希恵、山本和子、山本省三、ユカリンゴ、代々木公園アートスタジオ、RanaTura.上田有規子、りんごの木子どもクラブ

☆ 撮影

林 均、広瀬壮太郎（office 北北西）、正木達郎、安田仁志

☆ イラスト

宇田川幸子、河合美穂、坂本直子、菅原良子、高山千草、内藤和美、ナガタヨシコ、みつき、湯浅信江

☆ 型紙トレース

プレーンワークス

☆ モデル

城品萌音、有限会社クレヨン、株式会社ジョビィキッズ・プロダクション、株式会社ブロッサムエンターテイメント

表紙イラスト／さとうゆか
表紙・本文デザイン／木村陽子（フレーズ）
本文校正／有限会社くすのき舎
編集協力／株式会社スリーシーズン
編集／石山哲郎、西岡育子

ポットブックス
わくわくクリスマス
デコレーション＆シアター

2012年10月　初版第1刷発行
2019年 9月　　　第5刷発行

編　者／ポット編集部　©CHILD HONSHA CO.,LTD.2012
発行人／村野芳雄
発行所／株式会社チャイルド本社
　　　　〒112-8512　東京都文京区小石川5-24-21
電　話／03-3813-2141（営業）03-3813-9445（編集）
振　替／00100-4-38410
印刷・製本／共同印刷株式会社
カバー印刷／株式会社太陽堂成晃社
ISBN978-4-8054-0206-1
NDC376　26×21cm　96p　Printed in Japan

乱丁・落丁本はお取り替えいたします。
本書の型紙以外のページを無断で複写複製することは、法律で認められた場合を除き、著作権者及び出版社の権利の侵害となりますので、その場合は予め小社あて許諾を求めてください。

☆ チャイルド本社ホームページアドレス　https://www.childbook.co.jp/
チャイルドブックや保育図書の情報が盛りだくさん。どうぞご利用ください。